ゆるりと風に。
ここは北欧

Just as I am

鍋島綾

目次
CONTENTS

はじめに 4

Part 1
私はわたし　Just as I am

私はわたしでいい！ 8
時間が教えてくれるよね 12
それは私の権利でしょ？ 18
モダン・ファミリー 22
この子、試験管からきたの 30
たくさんの"カエル" 37
なくすものなんてないじゃない 43
Godt spørgsmål!（いい質問ね） 51
Nej tak!（いいえ、でもありがとう） 60
バカな質問がクソ大事 64
センスのいい子 72
永遠のギャップイヤー 76

Part 2
北欧との出会い

17歳の手紙 84
希望の国 88
無心で 92
いてくれるだけでいいです 95
おじい、たんでぃがーたんでぃ 99
降りてきた糸 104
インドで北欧 1 108
インドで北欧 2 112
再出発 116
オペアの私 118
アンティークとの出会い 124
トライ＆エラー 128

Part 3
自由に生きる

ゆるく生きてもいいですか	142
モノにも心	148
汝の欲することをなせ	153
本の魔法	157
縄文のビーナス	162
フリーダンス	166
私がわたしになった日	170
「ヒュゲしよっか」	174
「ラゴムね」	178
スモーブロの極意	184
ゆいちゃんと「おにいさん」	190
人は死んだら森へ還る	194
It's not only about Palestine, It's about us	204

コラム

共同親権	28
多様な家族の形を支える社会	29
選挙はお祭？政治に積極的な若者たち	58
旅のコラム	132
政治の世界も男女平等	146
ワーク・ライフ・バランスを支える「労働組合」の力	182
2人集まれば組合結成	183
環境問題への取り組み	200

あとがき ... 212

はじめに

　幼い頃から「こうしてあげるね」と手伝われそうになったら「自分で！」と阻止し、「こうするのが正しいよ」と教えられれば「本当に？」と疑う、素直じゃない子どもでした。そのくせ、マイペースで、のんびり屋。そんな頑固なゆる人間の私は、高校生になって行き詰まりました。本当にそうしなければいけないの？ やりたくないことはやりたくないんだけど、それじゃダメ？ 巣の中の雛(ひな)が、まだ上手に飛べないのに、バタバタと羽を動かしているようでした。そんな時、ある本を読んで、ずっと遠くにある小さな国のことを知りました。

　それから20年以上の時が経ち、失敗や挫折の凸凹道を経て、現在はアンティークを求めて日本と北欧を行き来しています。

　北欧で学んだことは「いろんな形があっていい」ということでした。身体も、考え方も、家族も、生き方も、しあわせも、様々。自分はどう感じる？ どうしたい？ それをゆっくり楽しみながら見つけていけばいい。どんな人も、どんな自分も、自由に選択しながら人生を歩んでいいんだな。羽を少し緩め、自分らしく前に進んでいくヒントを、たくさんの出会いが教えてくれました。

　本書を読んでいただいて、かつての私のように「こんな国があるんだ」「こんな人や、考え方もあるんだ」と、これまで知らなかったことに出会って、ちょっと肩の荷が降りて楽になったり、心の中に小さな風が吹くこともあるかもしれない。そう思ってこの本を書きました。その風が、どこかで誰かの背中をふわっと押してくれたらいいなと思います。

Part 1

私はわたし

Just as I am

私はわたしでいい！

　ある年のアンティークの買い付けで、デンマークの首都コペンハーゲンに住む友人クリスティーナのお宅に泊まらせてもらいました。クリスティーナには３人の娘がいて、三女のベロニカが自分のお部屋を快く私に貸してくれました。

　お姉ちゃんと二つに仕切って作られた小さな部屋は、全体的にパステルカラーで統一され、窓際は少し高いソファのようになっていて、そこからコペンハーゲンで最も賑わう通りの一つ、ノアブロ通りを一望できます。朝目を覚まし、窓から遠くの湖や行き交う多くの自転車を眺めてくつろいでいると、トントンッと入り口のドアをノックする音がしました。顔を覗かせたのは当時８歳のベロニカと、お友達のノラでした。彼女たちは少し遠慮げに、でもその目を輝かせて言いました。

「これからお買い物に行くんだけど、よかったら一緒に行かない？」

　家に転がり込んできた30代半ばの日本人の私を、まるで同級生のお友達かのように誘ってくれるなんて。そんな可愛いお誘いを受けることはもう一生ないかもしれないと「ぜひ行かせて」と答えました。
　彼女たちのお目当ては、お菓子やちょっとした雑貨までなんでも売っている「ノマール」というドラッグストアで、石畳の通りにたくさんのお店やレストランがある中心地、ノアポートにあります。ベロニカが住むノアブロ地区からは、コペンハーゲン中心部にあるソルテダム湖とペブリンゲ

湖に架(か)かるドーニング・ルイーズ橋を渡って徒歩15分ほど。

　湖の両脇から水鳥の鳴き声が聞こえ、行き交う多くの人々とすれ違いながら、その長い橋の途中で、ベロニカとノラは、はしゃいでたくさんの質問を投げかけてきました。

「もし、超能力が持てるとしたら、どんな能力がいい？」
「もしどんな動物にでもなれるとしたら何になりたい？」

「ええっと……空を飛びたいかな」無垢(むく)な質問にたじたじになりながら、頭をひねってなんとか答え、次は私から質問をしてみました。
「じゃあ、この世界の誰にでもなれるとしたら、誰になりたい？」
　さて、どんな可愛い答えが返ってくるかな。
　橋も終わりに差し掛かった頃、しばらく考えていたノラがこう言いました。

「うーん、私はわたしでいい！」

　思わず、え⁉と言いました。さっきまであんなにファンタジックな答えが飛び交っていたのに。アイドルとか、プリンセスとか、そんな答えを私は期待していたのだと思います。

「ほんとに？ 世界中の誰にでもなれるんだよ？」
　私があまりにも不思議がるので、ノラはその後いろんな理由を挙げてくれました。

Part 1　私はわたし　　9

「だってもし歌手のアリアナ・グランデになったとしても、コンサートで音痴(おんち)だったら恥ずかしいし……」

　いろいろな理由はあるにしろ、彼女の答えは最後まで「わたし」でした。
　そんなに深い意味はなかったのでしょうが、ノラの口から出てきたそのシンプルな答えが、私の心に残りました。もし、この世界の誰にでもなれると言われた時、こんなに迷いなく私は「わたし」って言えるかな。

　自分はダメだなーと、どこかでずっと思っていたことに気がつきました。ダメなところがたくさんあってもいいから「私はわたしでいい」と言えるようになりたいな。ふたりの笑顔を思い出しながら、そんなふうに思いました。

時間が教えてくれるよね

　エラとの出会いは、私がデンマークに行くようになる前、遥か南のインドで知人の結婚式に招待されたのがきっかけでした。色とりどりのサリーを身に纏ったたくさんの人で溢れるニューデリーの会場に、当時４歳ほどの彼女が入ってきた時、まるで北欧の森からやってきた妖精のようだと思いました。

　当時から明るくオープンな性格で、私の下手なデンマーク語の発音を何度も訂正しながら一生懸命話しかけてくれるエラ。会うたびにぐんぐん成長するその姿を見るのが、デンマークに行く楽しみのひとつでした。

　エラが６歳くらいの時、夕食を食べ終わりお茶をしていると、こんな質問をしてきたことがあります。

「ねえアヤ、恋人はいるの？」

　恋人のかけらもいなかった私。残念そうに「ボーイフレンドはいないの」と答えました。するとエラは大きな瞳を見開いて、そっかー！という表情をした後、すかさずこう聞きました。

「じゃああなたレズビアン？」
　私は一瞬ポカンとしました。恋人はいるのかと質問されたことはそ

れまでにも何度もあったけど、「いない」と答えれば「いつかいい人できるといいね」「どんな人がタイプなの？」など、お情け程度の会話を少ししてその話題は終わります。
　ボーイフレンドがいないならガールフレンドはいるの？というような返しははじめてで、頭の中が一瞬ぐるっとまわりました。

　女の人が好きそうに見える行動をとった？
　デンマークではそう聞くのが普通なのかな？

　そんなふたりの会話を横で聞いていた母親のディテは、私の戸惑う様子に笑いながら「エラには同性婚した親戚がいるの」と教えてくれました。

　北欧では、LGBTQに関する法整備も早くから行われ、街を歩いていてもカフェやベンチなど至るところに、様々なセクシュアリティの尊厳を表すレインボーフラッグが下がっているのを目にします。

　もうすぐ80歳になるデンマークの友人と久しぶりにお茶をしていた時、「娘が最近結婚してね」と教えてくれたので「おめでとう！」と言うと、「ふたりとも女性なんだよ」と嬉しそうに写真を見せてくれたことがありました。
　70代のスウェーデンの友人は、まだ幼い孫たちがレインボーフラッグを持ち、楽しそうに踊りながらプライドパレード[1]に加わっている姿を見せてくれ、こんなふうに言っていました。

1　世界各地の都市で行われる、性的マイノリティやその支援者が街を歩くパレード

「幼いうちから多様なことに触れさせておくのはとても大事なの」
　そんなふうに、小さな子どもたちから高齢者まで、多様性が幅広く受け入れられていることに、はじめは小さな驚きの連続でした。

　ある夜、デンマークの友人宅で食事をしている時に「今日はどんなアンティークを見つけたの？」と聞かれ、私はデンマークの陶磁器ブランド・ロイヤルコペンハーゲン製のトイレのタイルを2枚見せました。1960年代に作られたタイルの1枚には帽子とスーツを身に纏った紳士が、もう1枚にはドレスを着た貴婦人の絵柄が描かれていて、店舗や施設のトイレ用に作られたもの。友人たちはそのタイルを眺めながら、こう言いました。

「女性と男性が典型的な紳士と淑女として描かれているなんて」
「最近はトイレも共同が多くなってきたし、歴史的なお宝になりそうね」

　私はそのタイルを見て「わー、素敵な紳士と淑女！ こんなトイレだったら入りたいなー」と呑気に思っただけで、そんな会話になるとは思いもしませんでした。
　そんなふうにいろんな考え方に触れていくうちに、だんだん私にとっての"普通"も更新されていきました。そう思っていたけど、面と向かって「レズビアンなの？」と聞かれてあんなに戸惑ったのは、私の"普通"とエラの"普通"ではまだまだ大きな差があったのだと思います。

　私はその時の困惑した反応をちょっと恥ずかしく思っていて、しば

Part 1　私はわたし　　15

らくたってからエラの母親のディテに「実はあの時すごく戸惑って……」と話しました。するとディテは、自分もエラとの認識の違いに驚くことがあるのだと、こんな話をしてくれました。

エラのお友達が家に遊びに来た時のこと。そのお友達は、髪も長く少しフェミニンな雰囲気のある男の子だったそうです。ふたりで仲良く遊んでいる最中、お友達がエラにこう言いました。

「いつか大きくなったら、ガールフレンドがほしいのか、それともボーイフレンドがほしいのかまだわからないんだ」
それを聞いて、エラはこう言いました。
「私も、大きくなったら、ガールフレンドかボーイフレンドのどっちかわからない」
するとお友達は言いました。
「きっと、時間が教えてくれるよ」
するとエラも
「そうだよ、時間が教えてくれるよね」

小さなふたりはそうやって納得し合っていたそうです。
じゅうぶんわかっていると思っていた自分の性格や好みも、その時々で新しく生まれたり、変わったり、新しい発見があります。きっとセクシュアリティやジェンダーもそのひとつ。
焦らずじっくり、宝探しみたいに自分を探していけばいいんだ。デンマークの小さな妖精は教えてくれました。

オランダのデ・ホーヘ・フェールウェ国立公園で大ジャンプ！ 8歳のエラ

それは私の権利でしょ？

　2022年の夏、エラと港町のビーチで待ち合わせしました。13歳のティーンになったエラは、ブロンドの髪を風になびかせ、両耳に数個のピアス、首にネックレス、手首にブレスレット、手の指のほとんどに様々なリングをつけ、全体的にキラキラとしていました。素敵なアクセサリーを褒めると「ありがとう！」と嬉しそうに微笑むエラ。ふと、学校から直接ここに来たんだよなと思い出し、思わず聞きました。「そんなにたくさんのアクセサリーをつけて、先生何も言わない？」エラは少しポカンとした表情で答えました。

「言わないよ？　当たり前でしょ？　え！　もしかして、日本ではダメなの？」

　私がエラと同じ中学生の頃、アクセサリーはおろか、セーラー服の下に赤やピンクの色のあるタンクトップを着ているだけで先生に捕まり「これは何？」と引っ張られました。高校生になってもピアスなんて問題外。朝は先生たちが校門の前に立っていて、スカートの長さや髪の色をチェックされました。
「元々髪の色が薄い子なんかも、黒く染めなさいって言われるんだから」
　笑いながらエラに言うと、エラは目をくるくるさせて言いました。
「なんで!?」
　本当にその理由が知りたいらしく、執拗に理由を聞いてきました。

私も正直よくわからなかったので「うーん、規律を守って、輪を乱さないことが大事なのかな」自信なさそうに答えると、エラは言いました。

「これは私の身体で、自分の身体に何を身につけるか決めるのは私。それは私の権利でしょ？　それをなぜ先生が決められるの？　私だったら怒る！」

　あまり人に怒ったりしないエラが、自分のことのようにプンプンしながら言いました。「日本ではみんながルールを守ることが大事で……」なんてなだめる私でしたが、心の中では昔の私が顔を出してきて「そうだそうだ！　私の権利だ！」と激しく同意をしていました。
　幼い頃から自分で考え、自分の意見を伝えることができるエラ。一方、私は素直に言うことを聞くタイプでもなければ、ちょっと嫌な顔をしたり反抗したりしても、うじうじしてしっかりと言葉で伝えることはできませんでした。「あの時もうちょっとちゃんと言えていたら」と思うことが、今でもたくさんあります。

　今から約20年前、私が高校生の時の内科検診の際、女子生徒は下着を含めた上半身を全て脱がなければいけませんでした[1]。たくさんの人数を診るためには仕方がないのかもしれませんが、病院にいった時は服を着たままでも直接聴診器を当ててもらえるのにと、納得いかない気持ちでした。何回目かの時、老年の男性医師が私の胸に聴診器をあてながら「最近の子は成熟しているね〜」と、隣にいる保健の先生と

---

[1] 2024年1月、学校の健康診断について文部科学省は「正確な検査・診察に支障のない範囲で、原則、体操服や下着等の着衣、又はタオル等により身体を覆い、児童生徒等のプライバシーや心情に配慮する」よう全国に通知した。

談笑しました。その時の触り方もいやらしいと感じ、あまりの恥ずかしさと嫌悪感ですぐに職員室に行きました。でもいざ担任の先生に言おうとすると、それのどこがおかしいのか、もしかして自分のわがままなのか、いまいち自信が持てなくなりました。結局言えたのは「あれはいやだ！」という一言だけでした。

　エラのように「私の権利だ」とまで言えなくても、ここが納得いかなかったというところまで、もう少し話せていたら。

「私はこう思う」

　大事なのは、相手を否定したり、自分だけが正しいと主張するのでもなく、気持ちを素直に伝えることだと、デンマークの子どもたちは教えてくれました。結果としてすぐにその状況を変えられなくても、そうすることで自分の中に信頼が育ちます。その信頼は、自分は自分のために立ち上がることができるという自信になって、いざとなった時に自分や周りの人を守ってくれる。

「私もそうなりたいな」と素直に思い、この歳になって練習することにしました。その練習は今も続いていますが、まだ初心者なので下手くそです。不穏な雰囲気になったり、あれは少し余計だったと後で反省することもたくさんあります。でも、ずっと抱えているよりはやっぱりよくて、伝えたことではじめて、相手の気持ちも汲み取ろうとする余裕が生まれることもわかりました。

　天真爛漫なエラにまた一つ、大事なことを教わったのだと思います。

モダン・ファミリー

　大学生の頃、デンマークの家庭に2週間ほどホームステイをさせてもらったことがあります。海沿いの小さな街に住むファミリーで、蜂蜜を作っているお父さん、穏やかで明るいお母さん、そんな両親にそっくりで私と同年代の娘、クリスティーネのいる、絵に描いたようなしあわせそうな3人家族でした。ある時何かの拍子にクリスティーネが言いました。

「うちのママとパパは、結婚してないんだけど……」
　(え、そんなことってある?) 一瞬私の頭はエラーを起こしたようにとまってしまいました。当時、しあわせな家族の土台にあるものは結婚だと思い込んでいたのだと思います。
　その後、デンマークでは離婚率が約50%で2組に1組が離婚していること、また、結婚をせずに一緒に暮らし、子どもを育てるという事実婚カップルがとても多く、クリスティーネのような結婚していない両親の元に生まれる子どもも半数にわたる、ということを知りました。

　それから10年ほど経ち、再びデンマークへ行くことにしたのですが、その時はオペアという住み込みのベビーシッターとして滞在しました。お手伝いをすることになったファミリーは、シングルファーザーと8歳の女の子のふたり家族。両親が離婚をしてから、女の子は1週間ずつパパとママの家に交代で住んでいました。親権は半々であることが一般的なデンマークでは、両親は同じ町に住み続け、子どもは同じ学

校に通い続けます。交代の日の朝は、学校へ行く時に「また来週ね」と言ってどちらかの親が見送ると、夕方にもう片方の親が「元気にしてた？」と迎えにきます。長い夏休みは半々に、クリスマスや秋休みなどの連休は隔年でどちらかの元で過ごします。

　行く前はいったいどういうことなんだろうと疑問に思っていましたが、実際の様子を伺ううちに、なるほど、これはこれで一つの家族のあり方なのだと納得しました。全く問題ないかと言われればもちろんそうではなく、急に悲しくなる子どもたちの姿をこれまで何度か見かけました。そんな時、その子たちを黙って抱きしめ、彼らの悲しみにただ寄り添う周りの大人たちや、傷つきながらもまっすぐに育っていく子どもたちの姿が印象的でした。

　最近、知り合いが離婚し、さらに進化したバージョンがあることを知りました。子どもは馴染みの家にそのまま住み続け、離婚した両親が交代でその家に出入りするというもの。これまで一緒に住んでいた家に加えて、両親がそれぞれの住居を確保しなければいけないので経済的には大変ですが、そのほうが子どもへの負担が少ないからということでした。スウェーデンでは、3つの居住空間が繋がっているアパートができたと聞きました。真ん中に子どもたちが暮らし、その片側には父親が暮らすアパート、もう一方には母親が暮らすアパートがドアで繋がっていて、両親は自分の週の時だけ、それぞれのドアから子どもたちの暮らすアパートに出入りするそうです。あるスウェーデン映画の中で、両親が離婚した際に、その娘はこんなふうに言っていました。

「別れたのは親なんだから、ふたりが行き来するのが公平よ」

別れたカップルは、その後新しいパートナーと出会い、それぞれが新たなファミリーを築いていくケースも珍しくありません。

デンマークで初めて過ごしたクリスマスで、友人の家族のクリスマスランチパーティーに呼ばれたことがあります。20〜30人くらいのたくさんの人がいて、テーブルで隣に座っていた女性に挨拶すると、その女性は自己紹介をしてくれました。彼女は私の友人の"姉の夫の前の妻の娘さん"とのことでした。頭が混乱しそうになりましたが、こんなふうに元妻、元夫、元カノ、元カレとその家族が登場し、いっしょに楽しく過ごすというケースは全然珍しくないのだということがわかってきました。そういえばデンマークでは12月に入ると、クリスマスイブ前後だけでなく毎週のようにクリスマスパーティーをしていて、どれだけクリスマスが好きなんだろうと思っていましたが、そこには家族の多様化も関係しているのかもしれません。

60代後半の友人は、2回離婚をして現在は1人で住んでいますが、クリスマスは毎年、前の夫の家で過ごすと言うので驚きました。「元夫は再婚していないの？」と聞くと「してるわよ」とのこと。誰かが「彼の今の妻はあなたに嫉妬しないの？」と聞くと「するわよ」とにっこり。そうすると、元夫は「彼女は妹みたいなもんなんだから、嫉妬しないで」と今の妻に言うそうです。こんな一見ドロドロになりそうな状況も、まるでコメディのように笑いながら聞けるので、ちょっと不思議な気持ちになります。

Part 1 私はわたし

数年前に友人ディテの娘セルマのお誕生日会に呼ばれた時、私の「家族」という概念はさらに刷新されました。ディテにはエラの他に、パートナーであるアナスの娘、イダとセルマという２人の娘がいます。イダとセルマは、幼い頃から隔週でディテとアナスの家で過ごしてきました。

　お誕生日会に行くと、セルマ、イダ、エラの３人の娘たちとディテとアナス、セルマの母親のハナとハナの今のパートナー、今のパートナーが連れてきた息子、ハナの以前のパートナーとの息子、それぞれの両親や兄弟に、その子どもたち……というように、たくさんのメンバーで溢れかえっていました。幼い頃の私のお誕生日会といえば、両親とふたりの姉、そして祖父、祖母という７人でした。それでもいつもより賑やかな雰囲気に特別感を感じたのを覚えています。

　セルマのお誕生日では、その何倍にも膨れ上がった大家族が「hurra!（フラー＝万歳）」と掛け声をかけ、ひとりずつセルマにお祝いのメッセージを伝えました。どんなメッセージを送ろうか考えながらふと、私がいちばん、国籍も違い、なんの血縁もない謎の存在だった！と気がつきました。でもそんな私までもが家族の一員であるような気持ちにさせてくれる、風通しの良い空気に包まれていました。

　後日ディテが、はじめてセルマとイダの母親であるハナの両親に会いに行った時のことを話してくれたことがあります。怒られるのではないかと心配していたディテでしたが、ハナの両親は会った瞬間に「あなたがディテね！」と笑顔で迎えてくれたそうです。家族は血縁では

ないと言うディテは、こんなふうに言っていました。

「幼い子どもたちも含めて、全員が選択をしたの。家族になるということを」

出会った様々な北欧の家族は、家族というものに対する新しい指針を教えてくれました。こんなふうにいろんな家族を見ていると感じるのは、結局自分次第なんだということ。家族もしあわせも、自分で選択するもの。だとしたら、可能性は無限大。なんでもこい！という気持ちにさせてくれます。

COLUMN

共同親権

　デンマークやスウェーデンでは、両親が別れた後、親権を半々に持つ共同親権が一般的です。前述したように、子どもたちはどちらかの親と会えなくなるということはほとんどなく、同じ街に住み、同じ学校に通い、隔週で両親それぞれと過ごすことになります。両親に平等に7日ずつ与えられる場合もあれば、6日対8日という場合もあり、家庭内暴力などの報告があれば調査が入り、その場合はもちろん共同親権とはなりません。以前、8歳の女の子が私に「もしパパが私をぶったら、警察に電話するの。そしたらパパは逮捕されるの」と教えてくれたことがあります。「子どもの権利」について授業を行う学校も多いそうで、子どもたちが助けを求めやすい環境があるようです。

　ただ、法律ができてから20年以上経った今でも「完璧に対等とは言えず、母親の方が優位に扱われる印象がある」という意見が多くあり、また、隔週で両親の家を移動しなければならない子どもの心理的負担があるなど、全く問題がないわけではないようです。それでも私が見聞きした範囲においては、両親が子どもたちになるべく負担をかけないように心がけるだけでなく、法制度や家庭裁判所、専門家の存在など、環境が整備されており、共同親権に対する人々の信頼や満足感は高いようです。

多様な家族の形を支える社会

　デンマークをはじめとする北欧諸国では、親や子もひとりの個人として、自立した存在として扱われています。離婚の際、日本では子どもの養育費などが問題になりますが、教育や医療費などは全て無料で、大学へ進学する子には国から月々の生活費も支給されます。子どもの成長や進学に関する責任や負担が家族のみにかからないこと。また、育児支援や労働環境が整っていて、女性が自立しやすいこと。このような社会のバックアップによって、助け合いながら、でも必要以上に依存し合うことなく、それぞれの形を選択していけるのだと思います。

この子、試験管からきたの

　基本的にデンマークで過ごすことが多かったのですが、次第にお隣のスウェーデンのことも知りたいと思うようになりました。そんな時に、学生時代にスウェーデン語を勉強していた友人、ミヤコさんが紹介してくれたのが、ストックホルムに住むエマでした。お茶をするだけでもいいと思っていたのですが、自宅にいくらでも泊まってもいいとのこと。スウェーデン人は保守的で、仲良くなるのに時間がかかると聞いていたので、見ず知らずの人間を数日泊めてもいいという大胆なオファーに驚きました。でもこの頃には「プロの居候」と言われるほど、図々しく他人(ひと)の家に転がり込むことに慣れていた私。遠慮なく、お願いしますと言って、スーツケースを引いてエマの家へ向かったのは 2022 年の初夏のことでした。

　デンマークの首都コペンハーゲンからスウェーデンの首都ストックホルムまでは、電車で約 5 時間。日本の新幹線のような速い電車はなく、電車はゆっくりとしたペースで、湖、森、草原、小さな赤い家、といった景色を何度も繰り返しながら、ストックホルムに着きました。海と森に囲まれ、古い重厚な建物が残るストックホルムの空気は瑞々しく、そこから見える美しい景色に胸が高鳴りました。

　エマの家は、中心地からバスで 20 分ほどの緑豊かな郊外にありました。メールでやり取りはしていたものの、どんな人だろうとさすがに少し緊張しながら呼び鈴を押すと、ブラウンがかった髪をまとめた、

さっぱりとした印象の女性と、小さな男の子が出迎えてくれました。エマは自己紹介もほどほどに「いらっしゃい、ここがあなたの部屋で、ここがキッチン。何か必要なものがあれば勝手にとってね」と、ヴィンテージの家具や緑に溢れた素敵なアパートを案内してくれました。

　荷物を置いた後、ブロンドの髪に大きな瞳の小さな男の子がパンツ一丁で遊んでいる様子を眺めていると、エマが言いました。

「イリアっていうの。この子、試験管からきたの」

　3歳の男の子と2人で住んでいることは、事前のやり取りで聞いていました。これまでいろんなファミリーを見てきたので、きっとモダンファミリーのひとつだろうと思ってはいましたが「試験管からきた」という言葉は予想外。まだ会って間もない私に、エマはためらうことなく教えてくれました。

「私には卵子がないとわかって、ドナーを利用して、体外受精で自分のお腹で産んだの。ドナーの母親はロシア人で、父親はデンマーク人。どちらも大好きな国だから、彼がそのDNAを持っていることを誇りに思ってるわ」

　そのまま、エマとイリアの家に2週間ほど居候しましたが、3人で街や美術館、アンティークショップを巡り、湖に泳ぎに行ったり、森へピクニックへ行ったりと、ゆったりとした時間を過ごしました。家の電気や窓が壊れれば、ひょいっとハシゴと工具を持ってきてさっと

直し、ストックホルム市内の古い石畳や急な坂道でも、イリアを乗せたベビーカーをまるでブルドーザーのように押していくエマ。母親と父親をひとりでこなすたくましい姿と同時に、家ではイリアと歌ったり踊ったり、まるで姉弟のように見えることもありました。

　ある日、ストックホルムの島々を繋ぐ水上バスに乗り、たくさんの博物館があるユールゴーデン島に行きました。中庭の見えるカフェで、スウェーデン伝統のプリンセスケーキを食べながら、エマはイリアをひとりで育てる選択をしたことについて話してくれました。

「当時恋人もいたんだけど、私は自分の子どもを自分で育てようと決めたの。パートナーといっしょに子どもを育てるのもいいと思う。でもいろいろ考えた結果、私は自分で自分の子どもを育てようと思った。そうすることが、エンパワメント（力を与えること）にもなると思ったし、実際にそうなったわ」

　スウェーデンでもいろんな考えの人はいて、「フェミニズムの意味を間違えたようだね」と言われ、傷ついたこともあったそうです。それでも、シングルで子どもを育てる人が多いスウェーデンでは、情報交換をしたり、相談し合ったりできるコミュニティがあり、そこで支え合っていること。イリアを育てるのは本当に楽しく、交友関係も世界も広がった、と話してくれました。

　それからというもの買い付けに行くたびに、エマとイリアを訪ねるようになりました。2023年の夏に訪ねた時、エマは仕事を休職して大

学院に通っていました。政府の新しい政策で、働いている人がスキルアップのために勉強をしたい場合、その間の給与の9割を国が負担してくれるとのこと。以前ソーシャルワーカーの仕事もしていた彼女は、修士号を取得してもっと社会を変えていける仕事につきたいと言っていました。女性ひとりで仕事と子育てを両立させながら輝いて生きていくには、教育や医療、福祉など、人々の生活向上に投資をする社会があってこそ。感心するとともに、ちょっと羨ましくもありました。

そしてもうひとつ、エマがパワーアップしていたのは、お腹が大きくなっていたこと。エマはイリアと同じ方法で、もうひとり子どもを授かったそうです。私は嬉しい反面、驚きました。イリアを育てているだけでもすごいなと思っていたのにもうひとりだなんて、自分には想像もできず、いろいろ聞きましたが、エマは常に前向きでした。

「子どもたちがいても、恋愛や旅行にもとっても前向きな気持ちで、あきらめてることなんてないわ。良い人に出会って向こうにもし子どもがいれば一緒に育ててもいいし。でも、この子たちは最後まで自分の子どもとして育てあげる。いつか家族みんなで世界中を旅するの」

「男性がいなければ出産・子育てはできない」「シングルは大変」「子育ては何かを犠牲にしなければならない」……、シングルマザーと聞くと、どこかでかわいそうなものだと思っていたことに気がつきました。エマとイリアと、そしてもうひとり加わった3人の小さな家族は、かわいそうどころか、いつもパワースポットのように元気を与えてくれます。

Part 1 私はわたし 35

——追記

　2024 年 5 月、再度エマの家を訪ねました。ベビーカーの中には、6 ヶ月の丸々とした赤ちゃんが眠っていて、「ミカよ」とエマは教えてくれました。その後、保育園にいるイリアを迎えに行きました。イリアは私を見つけると駆け寄ってきて、英語で「This is my new dress!」（新しいドレスだよ！）と言い、ピンク色のワンピースを広げて見せてくれました。最近ピンクにハマっているらしいイリア。毎朝自分で服を選んでは「ほら、ピンクのスカートに、ライラックの靴下だよ」「今日は車のかっこいい T シャツ」と見せてくれました。エマ曰く「男の子だから、女の子だからということで、選択の幅を狭めることはしたくないの」とのこと。でも保育園では「男の子なのにピンクやスカートなんて変だ」とお友達に仲間外れにされて泣いていたこともあったそうです。例えスウェーデンであっても、全てがオープンで革新的というわけではなく、自分らしく生きようとすれば、それなりに壁はあるんだなと思いました。でも、5 歳にして並ならぬ感性と意志が垣間見られるイリア、周りがどんなに騒がしくても全く動じずすやすや眠るミカ、そしてそんな彼らを大らかに包むエマ。彼らはきっとどんな壁をもしなやかに超えていくのだろうと思います。そんな一家の進化を見るのがますます楽しみになりました。

たくさんの"カエル"

　いい年してパートナーもおらず一人でフラフラして、アンティークショップやヴィンテージショップ漁りばかりしている、そんな私を心配してか、ある日、友人が言いました。

「さあ、デーティングアプリのプロフィールを作るわよ」

　北欧でも出会いはオンラインというのが一般的になっていて、老若男女多くの人が使用していると聞いていました。知ってはいたものの、腰がひけてなかなか一歩を踏み出せなかったデーティングアプリ。プロフィールの作成を手伝ってくれた友人はこんなふうに言いました。

「アプリで良い人が見つかるかどうかは正直わからない。でも私たちはよく言うの。『素敵な王子様に巡り会うまでには、たくさんの"カエル"に出会わなければいけない』って。でも何かあった時のため、デートに行く前に、場所や相手の情報を私に送ってね」

　そんな、アンデルセンが生まれた童話の国らしい助言に背中を押され（後で調べると「カエルの王子様」はグリム童話でしたが）、ものは試しと挑戦することにしました。変な人が来るのではと不安もありましたが、いくつか行ってみると、そこにいるのはごく普通の人たちでした。その土地の人々の仕事や暮らし、考え方に触れるいい機会になりました。

Part 1 私はわたし

中でも印象に残っているのは、スウェーデンの古都ルンドという街に滞在していた時でした。待ち合わせの公園に現れたその人は、アイスランド出身でルンド大学の研究員という、知的な雰囲気のハンサムでした。「とうとう王子様に出会っちゃったかも！」と内心浮ついていた私。12世紀に建てられたルンド大聖堂の前にあるベンチで、しばらく自分たちの仕事や趣味について話していると、早々に淡い期待を砕かれました。

「僕の彼女は今海外にいて……」

　いや、彼女おるんかい！ 彼女がいながら平気な顔でデートしにくるなんて、一体何様？ 騙されたような気がして、小さな怒りが湧いてくるのをバレないようにできるだけ澄ました顔でいると、彼はこう言いました。

「それで、僕は彼女とオープンリレーションシップをしてるんだけど、君も彼氏はいるの？」

　いや、いないからここにいますけど。そしてオープンリレーションシップって何？ 初めて聞いた言葉にポカンとする私に、彼は少し焦ったように答えました。
「あ、オープンリレーションシップ知らなかった？ 北欧では結構一般的なんだけど。特定のパートナーがいても、他の人とデートをしてもいいっていう同意をお互いにしてるんだ」
　頭がハテナでいっぱいになりました。

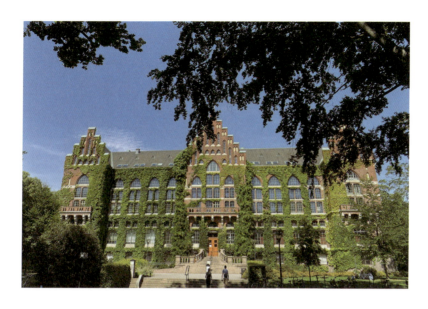

Part 1 私はわたし 39

「え、それっていくらでも浮気してもいいってこと？」
　彼は微笑みながら答えました。
「いや、お互いに同意をしているんだから、浮気とは違うよ」
　なにそれ？　怒りがすっかり好奇心に変わった私はどんどん質問を浴びせました。
「でもお互いそうしているうちにもっといい人が現れたら？　心配になったり嫉妬したりしない？」
「それはあり得ない」
「へー、すごい自信」
「自信、というか。信頼と、コミュニケーションかな」
「彼女は納得してるの？」
「そもそも彼女から提案してきたんだ」

「へぇー！」と目を丸くして、ぬるくなったアイスコーヒーを飲みほしました。後で彼のプロフィールをちゃんと読み返すと、確かに最後の方に「オープン」という記述がありました。わかるかい！と思いつつ、少し興味が出ました。といっても、あまりにも未知の世界で、彼とはそれ以降会うことはありませんでしたが、オープンリレーションシップって一体何？と、Googleを開いたり友人たちに聞いてみました。すると、特定のパートナーと関係を結ぶ一夫一妻制のモノガミーに対し、関係者全員の同意を得た上で複数の人と交際するポリアモリーという形をとるカップルが一定数いるということ。詳しいルールはそのカップルによって違い、お互いの信頼関係と、隠し事をせず積極的にコミュニケーションをとることが、そのような関係を続ける鍵となることなど、これまで知らなかった世界に「へー！」とまた目を丸くしました。

確かに、彼氏や彼女であっても、夫婦であっても、自分の所有物なわけではないし、1対1の安定した関係性の中で幸せを感じる人もいれば、複数の人を同時に愛することで幸せを感じる人もいるのかもしれないな。ある意味達観しているように見えた彼に、最後に聞いてみました。「関係がうまくいくコツとかあるの？」すると彼はちょっと考えて、こんなふうに言っていました。

「強いて言えば、"コツなんてない"ってわかっていることがコツかな」

　は？　なにそれ？と、また頭がハテナ。でも後で考えると「人はそれぞれ違うから、一定の物差しや説明書などない」ということだろうと思います。あまりにも堂々とした態度に「悪びれもしないで」と最初は少し批判的に捉えていた私でしたが、繕ったり隠したりせず、自分にも周りにも正直に生きている一例なのかと、少し見方が変わりました。

　その後しばらくしてアプリは消してしまいましたが、なんでも試して得るものはやっぱりあるのだなと思いました。オープンリレーションシップを実践する彼のような革新的な人もいれば、自分が信じる宗教の教えにあくまでも忠実だと言う人、国も人種も性格も考え方もバラエティに富んだもので、世界にはたくさんのいろんな人がいるということ。そして、自分がどんな人と合うのかは、まず自分がどんな人間で、どうしたいのかを知ることが大事だということもわかりました。

　残念ながら、素敵な王子さまには出会えませんでしたが、たくさん

の"カエル"たちに会ったおかげで少しずつ出会えるもの、それは自分自身なのだと思います。

なくすものなんてないじゃない

　高校生の頃、ちょうどデンマークのことを知ったのと同じ時期に、J・R・Rトールキンの『指輪物語』[1]が原作の映画『ロード・オブ・ザ・リング』にはまっていました。その映画に出てくるさすらいの王アラゴルンが、大人の男のかっこよさを全部つめこんだような人物で、ウブな（笑）私はハートを持っていかれずにはいられませんでした。

　デンマーク語を学びたいと実力以上の大学を志望し、崖っぷちで挑んだ大学入試センター試験の前日に観ていたのも『ロード・オブ・ザ・リング』の最終章「王の帰還」[2]でした。大事な試験前日に呑気に映画なんて、どれだけ余裕かと思えばその真逆。それまでE判定しかとったことがない私は内心びびり倒していて、劣勢でも諦めないアラゴルンの勇姿になんとか背中を押して欲しかったのです。

　そんなアラゴルン作戦が功を成したのか奇跡的に大学に入ることができ、デンマーク語科の新しいクラスメイトと好きな映画の話をしていると、デンマークにいたという子がこんなことを教えてくれました。「『ロード・オブ・ザ・リング』で王様を演じたヴィゴ・モーテンセンって、アンデルセンみたいに最後にセンがつくやろ？　だからあの人デンマーク人やねんで」

　今ほどインターネットが身近ではなかった時代、大ファンになった

1　イギリスの作家、J・R・Rトールキンによる長編作品。日本語版は瀬田貞二訳で1972年に評論社より刊行。
2　監督・共同脚本はピーター・ジャクソン。（2003年、ニュージーランド、アメリカ）

とはいえ詳細を知らなかった私は、えーーー！と驚きと興奮でいっぱいでした。（これって、運命じゃない？）デンマークに行ったら、いつかそんな素敵な男性に出会えるかなーなんてふわふわとした思いを抱き、ろくに勉強もせず単位を落としまくり、勤勉とは言えない学生時代を送りました。

　社会人になるも失敗と挫折の繰り返し。デンマークのこともアラゴルンのこともすっかり忘れていましたが、30歳を目前に再びデンマークへ行くことを決め、日本と北欧を行き来するようになりました。やっと、仕事も人生も楽しくなってきたかと思ったところで起きたパンデミック。しばらく北欧に行くことができずに悶々と過ごし、やっと羽田からコペンハーゲン行きのスカンジナビア航空の直行便が復活したのが、2023年の6月。もう30代も後半に差し掛かっていました。

　久しぶりに乗ったスカンジナビア航空。復活直後の機内は人もまばらで、サービスもコロナ以前より少しシンプルになった印象でした。観たい新作映画が見つからず、旧作映画にあったのが『ロード・オブ・ザ・リング』の最終章「王の帰還」でした。昔何度も観たから話もセリフも覚えているし、バックミュージック程度にと思って再生ボタンを押すと、3時間はあっという間に過ぎていました。手に汗握り、エンディングが流れた時は号泣していました。しばらく顔を伏せ、横に誰も座っていなかったことにホッとしながら、懐かしい、新鮮な気持ちが胸の中に溢れてくるのを感じました。数時間後、コペンハーゲン空港に降り立った時には、頭の中のBGMは「王の帰還」。もちろん、アラゴルンへの熱も再燃していました。

　コペンハーゲン空港に着くと、すぐに電車に乗り、海底トンネルと

橋で海を渡り30分ほどにあるスウェーデンの第3の都市、マルメという街に向かいました。仕事で買い付けたアンティークの梱包をするスペースもいるし、いつも居候の身でいるわけにもいかないと思い、3ヶ月間滞在できる部屋を事前に探していました。コペンハーゲンではなかなか見つからず、出発直前で見つけたのがマルメにあるアパートでした。コペンハーゲンの目と鼻の先にあるマルメですが、駅に着くとデンマークとは少し違った透明感のある空気に包まれます。Googleマップを頼りに、ゴロゴロと二つのスーツケースを引き、目的地に到着しました。それは100年ほど前に建てられた古いアパートで、玄関に入ると正面にガラガラと開く蛇腹式の古いエレベーターがあり、階段の壁には色あせた手描きのツタ模様が描かれていました。事前に連絡をとっていた大家のステファンが入り口のドアを開けてくれて、入ると思わず「わーー！」と小さく歓声をあげてしまいました。

エントランスの左手にはバルコニーのあるモスグリーンの壁の小さなキッチン、右手には広々としたリビングルームがあって、ソファやテーブルに本棚、そして古いシャンデリアやミシンなど、素敵なアンティーク品や絵画、楽器などが雑多に、でも秩序を保って並んでいました。

寝室は二つあり、もう1人のテナントは決まっていないからどちらでも選んでいいと言ってくれたので、私は古いライティングデスクの置いてある大きな部屋を選びました。「僕は夏の間サマーハウスにいるから、好きなように使っていいよ」とステファンは帰って行きました。こんな素敵なアパート、ひとりで使ってもいいなんて！と浮かれ気分で眠りについた翌日、周辺を散歩していると、すぐ近くに古いお城の

ような建物がありました。それはマルメ市立図書館で、博物館として1901年に建てられた古い館でした。中に入ると、ガラス張りで吹き抜けの開放感あふれるモダンな空間が広がっていて、目の前の公園（Kungsparken）の緑に囲まれながら、本を読んだり作業ができる広々としたスペースがありました。

　マルメでの新生活にウキウキしながらも、すぐにコペンハーゲンに住むクリスティーナの家に遊びに行きました。クリスティーナと夫のフレデリックは数日間旅行に出かけるというので、16歳の次女のロザリーナと夜までぺちゃくちゃおしゃべりしていました。学校やお友達のこと、好きな映画、社会のことまで、いつもいろんな話をしてくれるロザリーナ。私といえば機内で観た『ロード・オブ・ザ・リング』にまだうつつを抜かしていて、「その辺にヴィゴ・モーテンセンが歩いてないかなー」なんて冗談を言いながらお茶を飲んでいました。

　翌日の朝、ベッドでゴロゴロしながら友人に勧められたデーティングアプリを開くと、ある男性とマッチしました。その男性の写真をよく見ると、髭の生えた渋いお顔に、なぜか民族衣装のようなものを身に纏っていて、どう見てもヴィゴ・モーテンセン、いや、アラゴルンに見えました。

　とうとう念願のアラゴルンに会ってしまった！　その人はもちろん、似ている一般人だったのですが、私の頭の中ではまるで本物が現れたかのように置き換えられていました。「すぐ近くのカフェにいるからよかったら来ないか」とメッセージがきて、ますます動揺しました。あの渋いアラゴルンにこのちんちくりんな私！　釣り合うわけがない！きっと遊ばれているだけだ。で、でも……！

Part 1 私はわたし

ひとりパニックになっていると、ちょうどロザリーナが起きてきました。眠そうに「おはよう」と挨拶するロザリーナを呼び止め、「ロザちゃん見て！」と朝からどうでもいいことで騒ぐ37歳の私に、16歳になって間もないロザリーナは、ふむふむと事情を聞き、男性の写真とプロフィールを読むと、私をまっすぐみて言いました。

「会ってみたらいいじゃない、アヤ。なくすものなんてないじゃない？」

　ロザリーナも、エラと同じように8年前にインドの結婚式で出会いました。エラより少し年上のロザリーナは、赤みがかったブロンドの髪を三つ編みにしていて、スウェーデンの児童文学作家リンドグレーンのお話のピッピのように快活で可愛らしい少女でした。幼かった彼女も会うたびに成長し、今では高校生になりました。私がデンマークという国を知ったのも、ロザリーナと同じくらいの歳でしたが、当時の私とは比べ物にならないくらいのしっかりもの。こんなふうに、大人のようなアドバイスをしてくれます。

「なくすものなんてないじゃない」、ロザリーナが私を勇気づけようと言ってくれた言葉ですが、本当にその通りでした。いつも居候の身で車もない、夫も子どももいなければ彼氏もいなくて、仕事も時々アンティークを見つけてきては売るという、まるで現代版「寅さん」のような私。そんな何も持ってない私が、夢見ていた憧れのアラゴルン（に激似の人）に会えるんだから、行ってみるしかない。

　ロザリーナのおかげで一瞬そう思ったにも関わらず、結局その男性とは会いませんでした。正確には、怖気付いて返事もできませんでした。

なんでちょっとでも会ってみなかったんだろうと、今でも思うことがあります。

　"あんたなんかにできるわけないでしょ"
　"恥をかくだけだから、やめといたら"

　自分の中で湧いてくる否定的な声に耳を傾けて、怖気付いてやらなかったことがちょいちょいあります。
　コペンハーゲンからマルメに帰ってきて（なぁーにやってんだっ！）とアラゴルンに会わなかった少しの後悔を抱えていました。でもしばらくして、マルメ図書館にもう一度足を運んだ時、あることを思い出しました。北欧に行く前、友人で画家のちえこさんとお茶をしていた時のことです。ちえこさんは突然言いました。
「本、書いてみたら？」
　本？　私に本なんて書けるだろうか？　自信はないけど、出会った頃は幼かった北欧の子どもたちがすっかり大きくなり、ひとつのシーズンが終わりを迎えているような気がしていました。あの子たちが教えてくれたこと、書き出してみようかな。今やらなかったら、一生やらないかもしれない。図書館に並んでいるたくさんの本と居心地良さそうな作業スペースを見て、とりあえずやってみよう、と決めました。
　アラゴルンには会えなかったけど、あの時やっておけばよかったって、もう後悔しないぞ。
「なくすものなんてないじゃない？」
　ロザリーナの澄んだ声が、今でも時々ひるみそうになる私の背中を押してくれます。

お料理が得意な11歳のロザリーナ。ある朝ブランチを作ってくれました。
トーストにパンケーキにアボカドのグラタン、シリアルにジュースなど、
盛り付けもバッチリで、レストランのよう

Godt spørgsmål!
(ゴッスポースモル＝いい質問ね)

　ロザリーナがまだ小学生だった頃、「学校をかえるの」と教えてくれたことがありました。「どうして？」と聞くと「担任の先生と合わなかったの。きっと先生、私のこと嫌いだと思う」と彼女。私も先生が自分のこと嫌いだろうなと思ったことがたくさんありましたが、それで学校を変えようとか、変えられると思ったことはありませんでした。横で聞いていた母親のクリスティーナは「先生はあなたのこと、嫌ってなんてないと思うよ」とは言いましたが、あくまで彼女の意思を尊重しているようでした。

　デンマークでは途中で学校を変えることは珍しいことではないそうです。もちろん合わないことがあればすぐに変えるというわけではなく、両親や教師、学校側と話し合い、時には専門家も交えて解決策を探るのが先だそう。それでもうまくいかず、思い切って学校を変えることにしたロザリーナ。数ヶ月後に会うと「今の学校は楽しい」と教えてくれました。

　そんなロザリーナも高校生になり、ある夜キッチンで父親のフレデリックと何やら真剣な顔で話をしていました。

「男子ってなんでバカなの？」

　いつも穏やかなフレデリックは、優しく言いました。

「バカじゃない男子だっているでしょ？」

　学校で男子生徒たちが問題を起こし、そのせいでクラス中が連帯責任を負うことになり、ご立腹の様子のロザリーナ。

「女子は大抵問題なんか起こさずいい子だけど、それがデフォルトだから褒められることはないのに、男子はバカなことさえしなければいい子だって褒められる、そんなの不公平だわ」

　議論はさらに白熱して、男子の話からフェミニズムへと発展しました。フレデリックは、男女平等が進むデンマーク社会で生きる男性として感じることをロザリーナに伝えていました。
「男性は男性で、社会や女性から、平等にするべき、ジェントルマンであるべきだというプレッシャーを常に感じ、努力しているよ。だから女性だって、努力するべきところがあるとパパは思う」
　それを聞いたロザリーナの表情は変わりました。

「パパ、何言ってるの？　これまで女性が歴史上、どんなことがあって今の状況に至ったかわかってる？　そんなことを言うなんてありえないから！」

　ロザリーナが席をたった後、フレデリックはフーッと口から息を吐き、少し眉毛を上げて言いました。

「ああいう自分の意見を持っているところ、とても誇りに思っている

んだけど、ちょっと強すぎて。だからこそ女性だって努力するべきだって言っておきたかったんだけど……」

　そして翌朝、一連の話を聞いた母親のクリスティーナは、ロザリーナにこう助言していました。

「ロザリーナ、意見を持ってもいいけど『男子はバカだ』とか断定しちゃだめよ。言うなら『男子はバカな傾向がある』よ」

　父親のフレデリックと母親のクリスティーナは、いつもこんなふうに、子どもがどんなことをやったとしても、頭ごなしに否定することはせず「あなたのこういうところは良いけど」とか「君がそう思うのは素晴らしいけど」と肯定する言葉をかけた上で、自分の意見を伝えます。
　デンマークの子どもたちは、よく、家庭や学校で両親や先生にいろんなことを聞きます。「これはどうしてこうなの？」質問された親や教師は「Godt spørgsmål!（ゴッスポースモル＝いい質問ね）」と、疑問を持ったことについてまず褒めるのをよく見かけました。疑問を持ったという自分の行動を褒められると、子どもたちはちょっと誇らしい表情になります。

　そんなふうに育った彼らは、きっと、恐れることなく疑問を持ち、意見を言ったり行動を起こしたりすることができるようになるのだろうなと、ロザリーナを見ていると特に感じます。

2023年の２月ごろ、デンマークの老舗スーパー「イヤマ」が閉店するというニュースが飛び込んできました。137年と長きに渡り、生活協同組合が運営してきたイヤマは、藍色のワンピースを着たおかっぱのイヤマちゃんがモチーフで、食材はオーガニックで質が良く、イヤマちゃんのグッズもたくさん置いてあり、思わず立ち寄りたくなるスーパーでした。ロザリーナも、イヤマのトートバッグを持ち、限定の青いイヤマ自転車に乗っているほどのイヤマファン。

「ねえアヤ、デンマークにスーパーはいくつかあるけど、どれが好き？」
「うーん、少し高いけどやっぱイヤマかな！」
「私も！　イヤマ大好き！」

　これまで何度もこのやりとりをしたように思います。そんなイヤマが、経営問題から安い食材を扱うチェーン店に合併されて街から姿を消すというニュースを知り、ひっくり返りそうになりました。だって、イヤマちゃんのおかっぱ頭の看板と、古いコペンハーゲンの街並みはセットだと思っていて、それが街からなくなるなんて！　いたたまれない気持ちで、以前アンティークショップで見つけたイヤマちゃんが描かれている古いハート型の缶の写真を持ち出してきて、インスタグラムに投稿しました。すると、いち早くコメントをくれたのはロザリーナでした。

「コペンハーゲン中が、悲しんでるの……」

　そうだった。誰よりもイヤマが大好きだった彼女がいちばん悲しん

でいるはず。普段はしっかりものだけど、悲しむ時はとことん悲しむので、さぞ落ち込んでいるだろうと心配していました。でも、それから数日後、ロザリーナのインスタグラムにはコペンハーゲンの街中で「イヤマを守ろう!」という看板を持ち、市民デモに加わっている彼女の姿がありました。

　そんなロザリーナたち市民の力に、遠くから僅かな期待を寄せながら、数ヶ月後にデンマークに行きましたが、残念ながらイヤマちゃんのロゴが本当に街中から消えはじめていました。少し高くても、もっとイヤマで買い物をすればよかった。少しの後悔と寂しさを覚え、ロザリーナとふたりでイヤマを惜しみ合っていました。

　それからすぐ、ロザリーナは買ってもらった新しい自転車に私を乗せてくれると言って、たくさんの荷物や人を乗せて走ることができる荷台付きの自転車に私と妹のベロニカを乗せ、コペンハーゲン中を走ってくれました。彼女たちが住む若者に人気のお洒落な街ノアブロから、ファミリー層に人気の緑豊かなウスタブロにある大きな公園までを往復してくれ、少し息切れしながら私を荷台から降ろすと、嬉しそうに言いました。

「ねえアヤ、この荷台の部分に、イヤマちゃんの絵を描こうと思ってるの。それで街を走ったら素敵でしょ?」

　いつも、そんなロザリーナの前向きな言葉と行動力に勇気づけられます。彼女は「私はこう思う」「私はこれが好き」「これがしたい」と

いう自分の気持ちを大事にしていて、自分を信じて行動に移します。

　2023年の9月から高校に通い始めたロザリーナは、新しい高校がいまいち合わず、途中から「エフタースコーレ」に転校したと教えてくれました。エフタースコーレとは中学卒業後、14歳から18歳までの子どもが1年間、親元を離れて学ぶ全寮制の学校で、中学校の教科の復習をしつつ、ダンスや音楽、スポーツやアートなど好きなことを突き詰めることができます。「自分はどんな人間で、何が好きか」「今後どんな人生を送りたいか」ということにじっくり向き合う1年間。ロザリーナは寮の仲間と夜通し語り合い、好きな音楽にたっぷり触れ「本当に楽しかった！」と言っていました。秋からは、音楽も学べる別の高校に入学することを決めたそうです。

　小さな頃からどんな自分も肯定し、自分自身とじっくりと向き合うことができた子どもたち。自己肯定感と周りへの思いやりを持ち合わせていて、いつかリーダーとなって、未来を引っ張っていくのだろうなと思います。

COLUMN

選挙はお祭？政治に積極的な若者たち

　2022年にデンマークで行われた国政選挙の投票率は84％でした。18歳から29歳までの若者の投票率は80％と、高い投票率を支えています。街角でお菓子やグッズを配ったり、テントを貼ってイベントや討論会を行ったり、「厳格な選挙」というよりは、誰でも参加できる自由で楽しいお祭のような雰囲気があり、若者は呼び掛けなくても選挙に行くそうです。

　その背景には、選挙や民主主義の重要性を教える教育も大きく影響しています。2年に1度、14歳から17歳の青少年向けに行われる「疑似選挙プログラム」では、一般選挙と同じような選挙活動から投票までのプロセスを体験します。他にも「青少年国会」「子ども市議会」があり、授業に政治家を招いて、直接話を聞くこともあるそうです。

　デンマークの子どもたちは学校でも家庭でも「自分はどうしたいのか」と問われ、考えや意見が尊重されます。「自分たちも社会の重要な構成員の1人で、政治を変えていく力は自分たちにある」という民主主義をしっかり学んだ子どもたちは、大人になると積極的に選挙や政治に関わります。日本では立候補するために供託金[1]が必要ですが、デンマークでは供託金はなく、18歳以上であれば経済力に関わらず誰でも国会議員に立候補できます。近年10代や20代の議員や市長もどんどん誕生しています。

参考文献：澤渡夏代ブラント・小島ブンゴード孝子『デンマークにみる普段着のデモクラシー』かもがわ出版（2023年）

[1] 立候補の際に預け、一定の得票に達しなければ没収される。（衆議院・参議院いずれも選挙区で300万円、比例区で600万円）

デンマークの若者たち

トビアス

セルマ

トビアス（17歳）

　お兄ちゃんのエミルとお小遣いを貯めて買った車輪がついたコーヒー屋台で小さなビジネスをするトビアス。休日にイベントやパーティに赴き、コーヒーやカプチーノを販売しています。

セルマ（21歳）

「投票に行くのは民主主義のため。私たち市民が投票する機会があることはとても大事だと思うから、私も自分の一票で貢献したい。もし投票しなかったら、民主主義がどうなるかわからないでしょ？」

Nej tak!
（ナイタック＝いいえ、でもありがとう）

「日本人だから苦手かもしれないけど、イエスもノーもはっきり言ってくれていいから。家族の一員だと思って過ごしてね」

　2016年、オペアとして再度デンマークに行った時、ホストファミリーのパパが初日にこんなふうに言ってくれて、心がずいぶん軽くなったのを覚えています。

　昔から、断ることが大の苦手でした。小学生の頃、ドッジボールクラブの練習を休む時も友達に言ってもらったし、中学になってピアノ教室をやめる時も、部活で忙しいのを理由に母親に言ってもらいました。大人になってもそれは変わらず、はっきり言えないことで、かえって気まずくなったり誤解が生じたりすることが数えきれないほどあります。Noに対する苦手意識は年々増す一方でしたが、それが少しずつ変わっていったのは、30歳を目前にデンマークに行くようになってから。

　オペア先のパパの助言もあって、私は少しずつデンマークでNoを言うようになりました。デンマーク語で断る時には"Nej tak"（ナイタック）と言います。英語と同じく"No, thank you"（いいえ、でもありがとう）です。

　気がついたのは、日本人である自分にとって、断ることと感謝がセット

になりにくいのだということ。断るときはよく「結構です」「大丈夫です」と曖昧な言い方をしたり、「申し訳ございませんが」「悪いけど」など、感謝ではなく謝罪がセットになりやすいです。それも相手を思いやる和心なのかもしれませんが、別に悪いことをしているわけではないのに、断ることに対してなんとなくマイナスのイメージがついてまわるような気がします。

　それに比べて「ナイタック」は、1秒で言える簡単な言葉の中に、お断りと感謝の気持ちが両方含まれていて、笑顔でさらっと断ることができました。受け取り側も「そう？ じゃまた今度！」としつこくなく、軽く返してくれることも新鮮でした。

「ナイタック！」と何度も口にし、それが受け入れられるたびに、"No"は相手への拒絶ではないと、意識も更新されていったように思います。

　1年間のオペアを終えた後、北欧を行ったり来たりするようになって、ある時クリスティーナが職場のパーティーに誘ってくれたことがありました。二次会にまで参加して、そろそろ終わりかなと思っていると「この後に、ホームパーティーがあるんだけどいく？」と聞いてくれました。楽しそうだったのですが、疲れたなと思う自分の心に正直になり「ナイタック！ 今日は十分楽しんだから家でゆっくりするね」と断りました。すると去り際にクリスティーナは言いました。

「アヤ、あなたいつも"Ja tak"（はい、喜んで）と、"Nej tak"（いいえ、でもありがとう）をはっきり言ってくれるでしょ。あなたのそんなところ、

とても好きよ！」
　もう一度今日のお礼を言って別れた帰り道、断ることで褒められたのって生まれて初めてだな、と思いました。あんなにいつもウジウジと断ることが苦手だった過去の自分に見せたいくらい。それもこれも、私の No を快く受け入れてくれたたくさんの人たちのおかげだな。日が短くなり、風も冷たくなってきた秋のコペンハーゲンの港沿いを歩きながら、なんだかしみじみとした気持ちになりました。

　逆に、自分が他の国の人たちと比べて頻繁に使うのは、"Sorry"（ごめんなさい）という言葉。もちろんこちらが悪い時には謝らなくてはならないけど、ちょっとしたことでもすぐに「すみません」「ごめんなさい」と言っていました。そうすると相手は「え？ いいよ！（謝るほどのことではないよ）」と少し驚いた表情になりました。とりあえず謝ることが、丁寧さや親切心のひとつのように思い込んでいたのだと気づいて、できるだけ謝罪ではなく感謝の気持ちを言葉にするようにしました。

　今でも、断ることに一瞬戸惑う気持ちが完全になくなったわけではありません。でも「ナイタック」は教えてくれました。自分に素直になってNo と言う自分を尊重すること、同時に、何かをオファーしてくれようとした相手に感謝の気持ちを忘れないようにすること。そうすれば "No" は罪悪感で自分を縛るものではなく、人生を豊かなものにしてくれる。
　"No" とちょっと仲良くなることができたように思います。

バカな質問がクソ大事

　LOVE と LIKE の違いって何でしょう？

　新聞なんてほとんど読まなかった学生時代、就職活動か何かでたまたま手にした朝日新聞の「天声人語」に書いてあった文章が心に残り、ノートに書き留めました。その出典となった深代惇郎さんの本[1]を古本屋で見つけ、今でも大事に持っています。
　その答えは、LOVE が LIKE より強いという程度の問題ではなく、「LIKE は同質なものを求めるのに対し、LOVE は異質なものを求めることだ」というものでした。同質なものに比べ、異質なものと関わるということはエネルギーのいることだけど、そのエネルギーによって人間は発展していくことができる。だからこそ「愛」が人間のもっとも本質的な情念とされているのだと、そこには書いてありました。

　その言葉をもう一度思い出したのは、デンマークでノルウェーの国営放送によるドラマ「SKAM」（スカム＝恥）を観ていた時でした。「SKAM」は 2015 年から 2017 年まで放送された、オスロに住む高校生の日常を描いた青春ドラマ。ヨーロッパ中で人気が爆発し、デンマークでも一時期子どもから大人まで「SKAM」の話で持ちきりでした。友人曰く「10 代の子どもにいちばん見せたいドラマ」とのことで、そんなにいいならと試しに観てみたところ、私もすっかりハマりました。

1　深代惇郎『深代惇郎エッセイ集』（1977 年）、朝日新聞社

いじめや恋愛、外見、友情、SNS、同性愛、セックス、ドラッグ、摂食障害、レイプ、移民といった高校生たちが直面しているトピックが赤裸々に描かれ、北欧の社会や価値観をより知ることになりました。また、生徒同士のシンプルだけど深みのある会話が、とても心に残りました。

　4つあるシーズンのどれもが、異なる主人公による別のテーマでそれぞれよかったけど、イチオシは、移民2世のサナが主人公の最後のシーズンでした。自分の意志でヒジャブ[2]を着て、イスラム教の教えを実践しているのにも関わらず、周囲からは強制させられているように見られ、偏見が尽きないことに嫌気がさすサナ。自分の信仰と、生まれ育ったノルウェーの「自由」「平等」の違いに葛藤をしながらも強く生きる彼女ですが、孤独と疑心暗鬼（ぎしんあんき）が積み重なり、ある事件を起こして孤立してしまいます。そんなサナに声をかけたのは、前シーズンで主人公だったゲイのイサクでした。
　「ノルウェー人は差別主義だ！」というサナに対し、イサクはそうではないと反論します。
　「ノルウェー人の多くは自由や平和を望んでいるし、他の文化を学びたいと思っている。でも毎日のようにテロやイスラム過激派組織の行動など、ネガティブなニュースを見れば恐怖を感じてしまうのも事実。それが少数のバカなやつだけだとわかってはいるけど、いざ面と向かうと、何が正しくて、何が失礼なのかわからなくなって、口を閉ざしてしまうんだ」とイサク。

2　女性のイスラム教徒が頭や身体を覆う衣類。ヨーロッパでは社会統合や偏見、差別を巡ってイスラム教徒の女性のヒジャブの着用について論争が起こっている

Part 1　私はわたし　65

するとサナは「これまでの人生でたくさん受けてきたバカで差別的な質問を受けるくらいなら、いっそのこと何も聞かれない方がマシよ」と言いました。
　それに対し、イサクはこう言いました。

「バカな質問がクソ大事なんだよ、サナ。もし、人がバカな質問をしなくなったら、自分の中で答えを作りだすようになる。それは危険なことだ」

　自分がゲイであるということを認めることができなかったイサクは、ちょっといけ好かないキャラでした。前シーズンで恋人ができ、カミングアウトしたことで少しずつ周囲にも受け入れられ、自身も変化していく中、同じマイノリティだから出てきた言葉。グッときたのは私だけではなかったようで、今でも友人たちと、ここのシーンについて語り合うことがあります。マイノリティがマジョリティには想像もつかないほどの不満や孤独、苦しみにがんじがらめになっていることだけでなく、世界にマイノリティと呼ばれる「異質」が存在することの価値を教えてくれています。

　最終話は、友人たちがサナへ送った手紙で締めくくられます。

「恐怖は拡散する。けど、愛だって同じだ。」

　その愛（LOVE）というのは、自分と違った異質な相手とも向き合うことで生まれるもの。そしてそれは、地道な対話を通してはじめて

6月、各地でコンサートやフェスティバルが行われるストックホルム市内。
ある休日、スウェーデン王立歌劇場近くで見かけた気球

実現するのだ、ということを「SKAM」はシーズンを通して教えてくれました。北欧で自分がマイノリティだと実感する時、この人とは話が合わないと早々に背を向けてしまいそうになる時、この言葉が頭をよぎります。

　たくさんの移民・難民を受け入れてきた北欧諸国。その結果、共生問題や財政面で苦しい問題も抱えていると聞きます。以前デーティングアプリで知り合ったストックホルムに住む男性は、両親がイラクからスウェーデンに移住した移民2世でした。彼はスウェーデンの小さな町で生まれ育ち、スウェーデンの教育を受け、IT企業のエンジニアとして働いていて、スウェーデン社会に溶け込んでいるように見えましたが「大好きな両親から教えられることと、スウェーデンの社会で教えられることは違った。小さな時から自分はいつも、白人の中にいる"異質"だった。今でも、自分のアイデンティティが一体どこにあるのかわからなくなりそうになる」とつぶやきました。明るくチャーミングな外見の奥に、彼の複雑な孤独を垣間見たように感じました。

「移民や難民が住む場所と白人が住む場所は分断されていて、両者が交わる機会がなく、溝が深まっている」「無計画にたくさんの人を招き入れるだけ入れて、あとは放置している」という政府の責任を問う意見、「移住したのなら、その文化や価値観に合わせる努力をするべきなのに、自分たちの価値観ばかり主張して、安定した住環境だけをただで得る"フリーライダー"だ」「暴力や問題を起こすのは大体いつも移民や難民。問題を起こすなら出て行ってもらいたい」と、移民や難民に不快感を表す意見も多くあり、近年は移民排斥を訴える極右政党も台頭し

てきています。

　遠くから見ているに過ぎない私ですら「一筋縄でいくものではなさそう」と、尻込みしそうになります。多くの人が安心し、納得して共に暮らせるようになるために、一体どれくらいの努力と、お金と、時間が必要なんだろう。排他的で不穏な空気に不安を感じる一方、確かな希望も感じます。それは、サナやイサクたち若者、出会った子どもたちが、オープンな姿勢を持ち、対話を通して相手を理解しようとする姿を見た時。そんな「LOVE」の力が、きっと新しい社会を作り上げていくに違いない、そう思えるのです。

**デンマークの夏至祭
Sankt Hans Aftenの夜**

「日が最も長い夜、魔が強くなる」と信じられてきたことから、焚き火をして魔を追い払う儀式

センスのいい子

　インドで出会ったクリスティーナと娘のロザリーナ、ディテと娘のエラの2組の親子が4人で日本に遊びに来たことがあります。「日本の学校を見てみたい」という希望により、私が通っていた小学校を見学させてもらえることになりました。その日はちょうど学習発表会の予行演習で、全校生徒が体育館に集まり、何ヶ月も練習してきた劇・音楽・体操などの最終調整の日でした。

　あるクラスが体操のパフォーマンスをしていた時のこと。そのクラスに一人目立つ男の子がいました。ダンスの時に少し違う動き方をしたり、先生のピッと吹く笛の音を無視して飛び出したり、いつも一人だけ違うユニークな行動をとるので、私は思わずその子を目で追っていました。横にいたクリスティーナもその子に注目していたようで「また！」とクスクス笑っていました。そして私にささやきました。

「センスのいい子ね」

　どんなクラスにもひとりはいたお調子者、"問題児"と呼ばれる生徒。私が子どもの頃も、みんながきっちり座って話を聞いている中じっとしていられない子、集団行動が苦手な子が何人かいました。そのほとんどが、正直、迷惑行為だと思っていましたが、時々突拍子のない発想力と行動力で周りを驚かし、楽しませてくれることもありました。
　今でも鮮明に覚えているのは、小学校1年生の初めての「避難訓練」の

日。いつもとは少し違う緊張モードの中、訓練を伝えるベルがけたたましく鳴りました。忘れ物ばかりして覚えの悪い私は、先生に言われたことをちゃんとできるかで頭がいっぱいでした。机の下から出て、指示された通りにハンカチで口を押さえ（よし、次は廊下に並ぶんだ）と出口へ向かおうとした時、誰かが勢いよく私の横を走り過ぎました。見ると、それはいつも問題を起こすあの子。彼はなぜか通学用の黄色い帽子をかぶり、自分の道具箱などを全て抱え、さらに私の目の前で、ロッカーからランドセルをひっつかむと、そのまますごい勢いで教室から飛び出そうとしました。そこで先生に見つかり「なぁぁにやってるのぉぉぉっ！！」といつも以上にこっぴどく叱られていました。私の緊張感は吹き飛び、思わず吹き出しました。その後、体育館で校長先生の話を聞いている時も、思い出してはクスクスと笑いが止まりませんでした。臨場感あふれる表情と動きが本当に面白く、ただ面白かっただけでなく「そうか、災害が起こったら確かに荷物を全部持って、自分だけ飛び出したい気持ちになるよな」と、妙に納得しました。ただ言われたことを全うすることだけでいっぱいだった自分と比べ、その発想力と度胸に感心したのです。

　学校を訪問した翌日、デンマークから来た4人の親子は私の住む街で、デンマークのことを紹介する小さなイベントを開催してくれました。その中で、元教師のクリスティーナは、昨日見てきた日本の学校で感じたことと、デンマークの学校のことについて少し話をしてくれました。

　デンマークの子どもたちは、皆が同じことを、忍耐強くきちんとできないだろうと言いました。筆記試験はほとんどなく、成績もある一

定の年齢になるまでつけないことが決められていて、授業は幼い頃からディスカッションやプレゼンテーションなど「話す」ことがメインに進みます。自分の意見を持ち、違う意見を持つ相手を尊重することを学んだ子どもたちは、権利意識も高く、時々「主張しすぎ」なこともあるとか。座って授業を聞くことができない生徒も結構多いようです。

「デンマークの教育現場にもたくさん問題があって、日本の学校よりもデンマークの学校の方が良いとは思いません。ただ、デンマークは世界でも幸せな国であると言われていて、その理由の一つは『自分は幸せである』と思えるという点が大きいと私は思います。そう思えるのはおそらく、私たちが幼い頃から『自分は自分であっていい』と思えてきたから。例え周りと違っても、ひとりの個性として受け入れられてきたのが大きいのだと思います」とクリスティーナ。

　毎日のように叱られ、あきれられていた子たちも、ある分野で少し褒められると、力を発揮して脚光を浴びることがあったのを思い出しました。避難訓練で荷物を全部背負って逃げようとしたあの子は、その後すぐに転校していってしまいましたが、今ごろどんな大人になっているんだろう。ステージでユニークな動きをしていたあの子は、これからどんな大人になっていくんだろう。そのセンスを活かせる方向を見つけたら、また周囲を和やかにしたり、あっと驚かせてくれるのかも。
「センスのいい子ね」その言葉を、あの子たちまで、届けてあげたい気持ちになりました。

デンマークの昔の暮らしを知ることができるコペンハーゲンの Arbejdetmuseet(労働者博物館)にて
課外活動で来たベロニカとクラスメイトは、昔の学校の教室で 1 人ずつ先生役をしていました
Arbejdermuseet (Rømersgade 22, コペンハーゲン)

永遠のギャップイヤー

　ロザリーナとベロニカのお姉ちゃんであるイダは、15歳の時、私を訪ねてひとりデンマークから日本に来たことがあります。「見てみたいものはある？」と聞くと、日本の高校を見たいと言い、私の母校に連れていくと、同年代の日本の生徒たちを前にデンマークについて発表しました。ちょっとシャイだった昔の彼女を思い出すと、さなぎが殻を破って羽を広げる、貴重な瞬間を垣間見たような気持ちになりました。

　2023年の6月、そんなイダの高校の卒業パーティーに参加しました。担任の先生との個人面談を終えて玄関ホールに降りてきたイダを、家族や友人たちがシャンパンや食べ物を用意して待ち構え、伝統の白い帽子をかぶせてみんなで祝いました。

　デンマークでは、ここから生徒たちのパーティー三昧が始まります。まず、クラスごとに大きなトラックと運転手を手配し、そこに横断幕を下げ、爆音で音楽をかけながら街中を走ります。40人ほどのクラスメイト全員の家に15分ほどずつ立ち寄り、各家で用意されたお酒や軽食をつまむので、最後の方はみんなベロンベロンに酔っ払います。歌ったり叫んだりしながら深夜まで街中を駆ける騒音も、夏の風物詩のひとつ。人々は彼らを見かけると、顔をしかめるどころか嬉しそうにTillykke!（チリュッケ＝おめでとう）と言葉をかけたり、クラクションを鳴らして祝福します。

そんな連日のパーティー騒ぎが一段落し、ゆっくりしていたイダに、これからどうするの？と聞きました。いつも真面目に課題に取り組んでいる彼女のことなので、てっきりそのまま大学へ進学するのだろうと思っていましたが、イダの口からは「1、2年、"ギャップイヤー"をとろうと思っているの！」という答えが返ってきました。

「ギャップイヤー」というのは、数年の空白の時間をとって、外国を旅したり、ボランティアやアルバイトをして過ごす「自分を開放し、経験を深める時間」といったところ。大学に進学する前や在学中、就職する前にとることが多く、企業もその経験を評価するそうです。
「世界中を旅してみたい！」そう目を輝かせて言っていた通り、その後イダから、インドやアフリカのタンザニアにいる写真が送られてきました。そして今はコペンハーゲンにあるお寿司屋さんでアルバイトをしているそうで、お金を貯めてまた日本にも来たいとのこと。

　そんなイダのように、高校卒業後すぐに大学や専門学校に行ったり働いたりせず、ギャップイヤーをとる生徒が少なくないと聞きます。大学進学時の平均年齢は大体19歳から26歳と幅が広く、大学にはいろんな経験をした上で、専門分野を学ぶために再入学する30代や40代、もっと歳をとってから入る人もいるそう。そんなふうに人生に対してどんと構え、少しずつ自分と向き合いながら勉強や仕事を選んでいく大らかな環境が羨ましいなと思いました。

　私のいる間に姉夫婦が初めてデンマークとスウェーデンを訪れ、私の友人たちに会い、2週間ほど滞在しました。ふたりは言っていました。

イダのクラスが卒業パーティーの日（studenten）に借りたピンク色のトラック。
横断幕には、"VAMOS LA PLAYA, NU SKAL VI HA BAJER"
「ビーチへ行こう（スペイン語）、今がビールを飲む時だ（デンマーク語）」

コペンハーゲンのあるシェラン島の北部は夏に人気のリゾート地
誰が高くきれいに飛び込めるかを競う子どもたち

「こちらの人たちは、暮らしの余白を大事にしているんだね」

共働きで仕事と子育てに追われ、忙しい生活を送る姉たちにとって、何事にも余裕を持って楽しもうとするデンマークの人たちの暮らしは新鮮に映ったようです。「余白？」姉たちが感じたのは、暮らしのゆとりといったものでしょうか。確かにデンマークの人たちは、何かを行動する時に「こうなったらどうしよう」という恐れではなく「なんとかなる」という信頼をベースとしていると感じることが多々あります。その「なんとかなる」が余白で、そこにいろいろと詰め込まず、むしろそれを楽しむ余裕を持っているのかもしれません。このことをクリスティーナに話すと、彼女はこう言いました。

「余白と関係あるかはわからないけど、全く何もしないゼロよりは、完璧な100でなくても、例えそれが10や20でもやることにしているわ」

そうか、完璧じゃなくてもいい、失敗を恐れなくていい。やってみて違ったら、また別の道を選んだらいい。そんなプロセスを丸ごと楽しむのが、人生の醍醐味「余白」なのかな。私がこちらで教わってきたのは、確かにそういうことでした。そんなデンマークの「余白」を象徴するのが、ギャップイヤーなのだと思います。

ただ、イダはこうも言っていました。「ギャップイヤーは長くても2年って推奨されているの。2年以上取ると、大学に入学する時の成績にボーナスポイントがもらえなくなってしまうの」[1]デンマーク政府と

---
1 デンマークでは大学入試はなく、高校の成績によるポイント制。高校卒業から大学入学までの期間にどのような経験をしたかも、アピールポイントのひとつとなる。

しては、自由な時間は与えるけど、若者になるべく早く教育を終了し、社会へ出てもらいたいという思惑もあるようです。

　自由の国、デンマークでさえ「ギャップイヤー」－空白の時間－は2年限定なのか。考えてみると私なんて人生ずっと「ギャップイヤー」のようなもの。いろいろ挫折や失敗を経験して、やっと長期で海外に行こうと思ったのは30歳。そのままゆるりふらりと30代後半になったけど、またこれから別の新しいことを見つけ、新しい場所に行き、新たな発見があるかもしれない。余白どころかほとんど白紙。旅はまだまだ終わりません。

　そんなことを思ってから「あなたは今は何をしてるの？」と聞かれると、これまでは「アンティークバイヤーです」と答えていましたが、「ギャップイヤーです」と言ってみます。そうするとその場がちょっとウケます。ウケるということは、本当にそれっぽいんだろうなと思いつつ"永遠のギャップイヤー"、それも悪くないなと思う今日この頃です。

Part 2

北欧との出会い

Encounter with Scandinavia

17歳の手紙

「この前、金庫の中を探してたら、何が出てきたと思う？」
　母がある日笑いをこらえたような表情で話しかけてきました。
「わからん。何け？」
　笑い方に嫌な予感がありました。母はコロコロ笑いながら答えました。

「あんたが家出した時の手紙！」

　おそらく父が入れたのであろうその手紙は、私が17歳の時に富山の田舎からひとり東京に家出をした時、家に置いていったものでした。

　高校1年生の最後に、学校から1ヶ月のイギリス研修がありました。中学の時に映画が好きになったことをきっかけに、いつか自分の知らない広い世界に行ってみたいと思っていました。ずっと憧れていた初めての海外は、目に入るもの、聞こえるもの、食べ物も人も空気も何もかもが新鮮で輝いて見えました。ホストファミリーにお弁当を何度も忘れられた初めてのホームステイ、ハリーポッターの撮影が行われた大学、ポテチを食べながら授業をする語学学校の先生、幼い頃好きだったピーターラビットの本に出てきそうなはちみつ色の家が並ぶ小さな村、口に入れると歯が痛くなりそうなほど甘いケーキ、鳥肌がたったQueen(クィーン)のミュージカル、赤い2階建バスの走る伝統とモダンが融合したロンドンの街並み……。
　折悪くイラク戦争が開戦し、予定より早く帰国しました。ちゃんとした人間だったら「またがんばろう」と日々の生活をより切磋琢磨(せっさたくま)するのでしょ

うが、私はその逆で、すぐに現実に戻ることができませんでした。学校ではとりあえずどこかの大学に行けと言われて、いつ使うかもわからない年号や数字をひたすら暗記し、テストに追われる毎日にうんざり。話題になる男の子のことも、噂話も、テレビやブランドもそれほど興味が持てず、どこにもぴったりと所属できていないような、自分だけが浮いているような感覚でした。なんとか合わせていたけど、別の世界を見たことでプツンと糸が切れ、逆に変なパワーが湧いてきました。「こんなのは時間のムダだ！ もっといろんな世界が見たい！ 自分の納得するように生きよう」と、ある日決意しました。

　インターネットが電話線に繋いでやっと使えるようになった頃でした。夜な夜な家に一台だけあるパソコンで検索をして、東京への乗り換え方法と安いホテルを調べました。住むところはどうしよう？ 住み込みのバイトなど、いろいろある選択肢の中で、ルームシェアというものがあることがわかり、あるwebサイトで東京に近い埼玉に月に3万円ほどで部屋を貸すという記事を見つけ、家主と連絡を取りました。今思えば、万が一変な人だったらとぞっとしますが、楽観主義というか、不安よりもワクワク感が勝っていました。どこかでバイトでもしてお金を貯めて、いずれまた海外に行こう！ 文句を言いながら過ごすより、よっぽど生きている実感を持てるはずだから。
　イギリスで買ったロンドンの地下鉄マップが描かれた大きなビニールバッグを取り出し、そこに身の回りの物と数万円のお小遣い、無謀な夢をパンパンに詰め込んで、まだ誰も起きていない早朝、決意と謝罪を込めた手紙を部屋に置き、いざ東京へと出発しました。

まだ北陸新幹線は開通していませんでした。私の地元の駅からJR北陸本線で富山駅へ、そこから特急に乗って新潟の越後湯沢へ行き、上越新幹線に乗って降り立ったのは上野駅でした。チェックインの時間までかなりの時間があり、たくさんの人が行き交う中、でっかいビニール袋を抱えたままウロウロする田舎の女子高生。お腹が減って、当時まだ富山になかった初めてのスタバに入り、見たこともないお洒落なサンドイッチを食べました。とりあえず近くにあった上野動物園をふらふらして、檻の中の動物たちを眺めていると、途中で携帯にメールが一通入っていることに気がつきました。
「あんた、やってくれたね！ 身体に気をつけてね！」二番目の姉からの、おとがめとも励ましともとれるメールでした。

　夕方、予約した安ホテルに行くと、受付のお兄さんがでかいビニールバッグを持っているいかにも家出風な私を見て、いぶかしげな表情をした気がしました。小さな部屋の小さな窓から見える灰色の高層ビルを横目に、狭いシングルベッドの上に寝そべると、だんだんと不安が押し寄せてきました。これから本当に大丈夫だろうか。お母さんやお父さん心配してるだろうな。夕方のワイドショーを観ながらソワソワしていると、またメールが入りました。見ると、ルームシェアをする予定だった埼玉の家主さんからでした。「ご家族から事情を聞きました。実は私も富山県出身です。もう少し大人になったら、いつかぜひいらしてくださいね」。そんなやさしい内容に、張り詰めていた糸が緩んで心がぐらっと揺れました。インターネットに、検索履歴があることをその時初めて知りました。

　そのメールが入ってからすぐ、両親から電話がかかってきました。「気

持ちはわかったけど、まだ若いあんたが東京でひとりでやっていくには早い。迎えに行くから帰っておいで」。家主さんからのメールですでにゆるゆるになっていた糸は完全に切れ、あっという間の降参でした。次の日には両親が東京まで迎えにきてくれました。自由になって、これから納得の人生を生きられるような気がしていた数日間。でも富山に帰ってきた時は、残念な気持ちよりも、正直安堵(あんど)の気持ちが勝っていました。

　あの手紙を読み返す勇気はまだないけど、おそらく「失敗してもいいから、思いきり自分の人生を生きてみたいです。すみません」ということだったと思います。そんな当時の思いは、その後も今もずっと変わらず心の中で静かに燃えているような気がします。

Part 2　北欧との出会い

希望の国

　呆気なく幕を閉じた逃亡劇でしたが、帰ってきた後もしばらく学校には戻りませんでした。そんな私を見かねて「逃げたいのは皆同じだ！それでもみんながんばってるんだから！」と叱責されることもありました。確かに、やりたくないことから逃げたいという気持ちもありました。でも同じくらい、自分が納得することをしたいのだという意思もあり、自分でも行き先が見えないまま無言の反抗を続けました。

　当時はスマホもパソコンも持っていなくて、家でやることがありませんでした。「あんな勉強は意味がない」「自分の納得することをしたい」そんな生意気なことを言っておきながら、家でだらだらするわけにもいかず、とりあえずいろんなところに行くことにしました。

　最初に行ったのは、岐阜県の高山市で農家だった母方の祖父母のところでした。働き者で優しい祖父母は事情を知ってか知らずか、いつものようにあたたかく迎え入れてくれました。「じいちゃん田植え手伝う！」と張り切って田んぼに入ったものの、田植えなんてしたこともない私は、数歩歩いただけで泥に足をとられて後ろにひっくり返りました。祖父はそうなることがわかっていたように、ひゃっひゃっと笑っていました。結局稲の一本も植えないまま汚れた服を洗いに行き、自分が使い物にならないどころか足手まといだということをようやく理解し、しばらくして家に帰りました。

　祖父母の家から富山に帰ってきて、山の中で自然農をしているところに

行ったり、重度の障がいがある同世代の女の子に会いに行ったり、プールに行ってひたすら泳いだり、思いついたところや勧められたところに行ってみました。なかなか「これだ」と自分を突き動かしてくれるものには出会えませんでした。家の本棚にはだんだんと「不登校」の文字のある本が増えていって、これからの不安や、周囲に対する罪悪感が沸々と湧き上がっていました。それでも、ただ学校に戻るわけにはいかない。そんなある日、母が友人から数冊の本を借りてきました。母の友人に、中島さんという人がいます。関西弁でゆったりとした雰囲気の中島さんは、良い本を見つけては購入し「これいいねん」とひたすら友人や地域の人にまわしてくれる人で、そうして次から次とまわってくる本を、みんな「中島文庫」と呼んでいました。母は、その日「中島文庫」で借りた数冊を私に手渡して言いました。

「こんな国があるんやって！ あんたにあっとるんじゃない？」

それは、デンマークについて書かれた本でした。

　——デンマークでの学校で重視されるのは、暗記ではなく、自分の考えを持つこと。対話を通して相手を理解すること。子どもたちは他人と比較せず、自分の興味や関心に合わせて学んでいる。税金は高いけど、教育も医療も無料で、誰もが安心して暮らせる社会——

寝る前に少し読んでみたところ、確かに母の言った通りでした。遠い北の果てに、なんだか納得のいく、よさそうな国がある。
　デンマークに行ってみたいな

やっと湧き上がった純粋な思いでした。先日の逃避行の不時着により、少しは現実を認識したのか、今すぐデンマークに飛び立つことは無理だということはわかりました。そして、日本に1つだけ、デンマーク語を専攻できる大学があることを知りました。もしこの大学に入ることができれば、デンマークにグッと近づける。それが実現可能かどうかは別として、やっと突破口を見つけた私は、その後少しずつ学校に戻っていきました。

　文句を言いながらも、周りに見守られ、悩み、選ぶことができた青春時代。それが、どれだけ恵まれていて贅沢なことだったか、そんなことは微塵(みじん)もわかっていなかった私。そんなんだから、人生から何度も「ちがうだろ」と言われることになります。

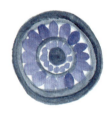

無心で

「あんた！ 部活だけ来てもあかんからね！」授業が終わった頃に部活のためにだけ登校して帰っていると、顧問の先生に睨まれ、思わず「はい！」と言いました。
「いつかデンマークに行きたい」という目標ができ、学校に戻ってその後しっかり勉強に励んだかというと、そうはなりませんでした。まず最初に戻ったのは、バスケットボールの練習でした。下手くそで、体力もあまりなく、部活が終わって帰ればクタクタで寝落ちし、授業中も眠気との闘いでした。最初は行くようになっただけいいと甘くみてくれた周囲もだんだん痺れを切らし、先生には「学校に寝に来とるんか！」と、家族には「バスケット選手にでもなるつもりか！」と怒られていました。それほどバスケが好きだったわけでもないのに、どうしてそれだけはやらなければいけないと思っていたのか、消化できない思いやエネルギーをなんとか発散させたかったのか、自分なりの意地だったのか、自分でもよくわかりませんでした。

　練習は毎日ゼーゼー言いながらみんなについていくのに必死でした。中でも、今も時々夢に出てくるような、苦手な練習メニューがありました。心の中で「地獄のツーメン」と呼んでいたそれは、2人ペアになりコートを往復し、そのうち1人が、行きと帰りのゴールを両方とも決めなければ終われないというものでした。難しいことではないのですが、ちょっとの緩みやプレッシャーで手元が狂って、やってもやっても入らなくなり、最後は疲れて足も腕も数cmしか動かなくなると

いう地獄を何度も体験しました。悪魔が「今日はこの子にきーめたっ」と選定したかのように、毎日誰かがそんな蟻(あり)地獄にはまる様子を見ながら、下手くそな上に、すぐに弱い心に負けてしまう私は恐怖に怯(おび)えていました。

　なんとかこの状況を切り抜けたい、そんな中、あるチームメイトとどちらからともなく言うようになった合言葉が「無心で！」でした。「入らなかったらどうしよう」「あー逃げ出したい」、ちょっとでも耳を傾けてしまったら、たちまち取り憑かれる。そんな瞬間に心の中を真っ白にして、その場を乗り切る方法でした。「無心で！」「うん無心で！」そんなふうに掛け合ううちに、地獄のツーメンは少しだけ怖くなくなりました。誰に教わったわけでもなく、弱者が生き残るために、必死で編み出した術でした。

　3年間ずっとベンチでしたが、汗と涙をたっぷり流して、引退したのは高3の6月。迎えた夏休みの模試は壊滅的でした。勉強していないから当然とはいえ、ある教科で100点満点中9点だったのには自分でも驚きました。いつも優しく見守ってくれていた担任の先生も、「マーク試験なんだから、鉛筆を転がして答えを決めてももう少しとれるはず……」と呆れ気味でした。志望校の合格可能性はもちろん「不可」のE判定。志望校どころか行ける大学はあるのかという状況だったと思います。でも「ただ大学に行きたいわけじゃない、デンマークに行きたいから行くのだ」という思いは強く、とにかくやってみることにしました。

　それから数ヶ月後の受験当日、直前の模試まで全て「不可」のE判定で、

今にも恐怖に捕えられそうな私は、必死に自分に言い聞かせていました。
「無心で！」

いてくれるだけでいいです

　一念発起して挑んだ大学に奇跡的に入ることができ「なんとかなるじゃん」と甘い私がまた顔を出しました。あれだけ強く決めていた「デンマークに行く」という意志は何処へやら、日々の勉強を怠って、大事な単位を落としまくりました。それでも一丁前に、ある授業の教授に「テストを試験じゃなくてレポートにしてください」なんて言い、それが採用されたりしました。大学は世界中の言語や文化を学ぶことができ、のびのびとした自由な雰囲気でした。あれだけ憧れていた自由を手にしたのに、それを律するということまでは知らなかった私は、勉強もせず、遊んだりコーヒー屋でアルバイトばかりしていました。

　バイト先は、アルバイトなのに講習会やランク付けがあり、時給を数十円上げるのに、定期的に店長と面談までありました。仕事というものも全くわかっていなかった私は、ここでも毎日ミスをしていました。研修や仕事に遅刻はするし、レジで肘をついてボーッとしていて先輩に怒られたり、旧札を偽札だと勘違いして慌てて店長に報告に行ったり、レシピやオーダーの間違えなんて日常茶飯事。周りが少しでも時給やランクをあげようと励む中、こっそりオリジナルのドリンクを発明したり、新製品の試食だけ張り切っていました。ランクや点数をつけられたりすることに抵抗があったといえばそうだし、単に仕事ができなかったのも事実。そんなろくでもない従業員だったにも関わらず、そこの店長さんはいつも朗らかでやさしい人でした。
「君は、いてくれるだけでいいです」

時給は決してあげてはくれないものの、解雇もせず、いつもこう言ってくれていました。
　それほど、業務面で他に私にかける褒め言葉が見つからなかったのだと思います。
　それがやがて社会人になり、世の中の厳しさに少しだけ触れ、その言葉がどれほど温かかったのかを思い知ることになります。

「君の今日1日に、会社はいくら払ってると思う？ これだけだよ？」

　新卒で入った会社の上司は、そう言って自分の指を数本立てて見せました。
　大学3年生になって、周りがし始めたという理由で就職活動をしてみるも、見事に全滅でした。4年生になって初めて行ったデンマークで、たまたま出会った教授に拾ってもらって、北欧の福祉を学べる大学院まで行くことにしました。もう一度就職活動をしてみるもまた全滅でしたが、卒業間近で滑り込んで受かったのが出版社でした。そこは偶然、高校生の時に母が渡してくれたデンマークの本を出版した会社でもありました。「私はあの時北欧の本に救われた、いつか自分もそんな本の出版に携わりたい」。動機と意気込みはばっちりでしたが、最初に配属されたのは営業部でした。街中の書店を回り、業務に忙しい書店員さんを捕まえ、できるだけたくさんの自社の本を、できるだけ目のつく場所に置いてもらうようなんとか交渉するのが仕事でした。

　社内はなんとなく閉鎖的で、古い体制が残っていました。女性社員はまず全員にお茶を配り、接待に駆り出されるのも決まって若い女性社員。中

でもストレスだったのが、上司との「飲みニケーション」でした。営業部は30歳ほどの若い上司が全てを取り仕切っていて、仕事が終われば毎日のように飲みに誘われました。最初はできるだけノリよく応えていましたが、それがだんだんと億劫になっていきました。入社してから半年ほど経ったある日、その上司がデスクを移動しろと言いました。場所はその上司のすぐ前の席でした。四六時中、背後に上司がいて見張っていると思うとたまらず、「どうして今の席じゃダメなんですか？」と反抗しました。「わがままを言うな」と言われ、仕方なく移動しましたが、会社に向かう足取りがどんどん重くなっていきました。

「君の1日に会社はこれだけ払っているんだから、相応の仕事をしてもらわないと」

上司からそう言われた時、自分の財布から出してるわけでもないのに偉そうにと思った反面、確かにそうだなとも思いました。みんながそうやって、プレッシャーや責任に追われ、それでも文句を言わずに結果を出す人を会社は必要としている。やりたくないことだってやらなければいけない。それが仕事というものだから。

そんな自分への説得も虚しく、結局1年で辞めてしまいました。誰にも言わずに辞表を出し、お世話になった同僚や先輩に挨拶まわりした最終日、悔しさや恥ずかしさや不甲斐なさでいっぱいでした。人生を棒に振ってしまった。どこでもいいから、消えてしまいたい。

「いてくれるだけでいいです」と「君の働きにいくら払っていると思う」

この2つの言葉が、その後もしばらく私の頭の中で再生されていました。

どちらも間違いではない言葉。やさしかった店長も、嫌いだった上司も、現代に生きる誰もがその狭間(はざま)で生きているのだと思います。それから何年も経って、最近は自分で自分に言ってあげることにしました。
「いてくれるだけでいいよ」と。

おじい、たんでぃがーたんでぃ

　出版社を辞めて数日後、鍵を返却するギリギリの時間までかかって荷物をまとめ、夜逃げのように当時住んでいたアパートをあとにしました。考えたら前にも一度こんな経験がありましたが、「さあこれから新しい人生がはじまる！」と期待でいっぱいだった一度目と比べ、今回は「私の人生終わったな……」という悲壮感に溢れたものでした。大きな荷物にヨレヨレの服、顔は涙や浮腫でパンパン。ボロボロの状態でたどり着いたのは、沖縄県の宮古島でした。

　数ヶ月前、仕事で少し疲れてきた頃、旅行で宮古島のさらに離島の来間島（くりまじま）という島に行ったことがありました。そこで泊まった宿のオーナーさんが「住み込みでカフェを手伝ってくれる人を探している」と言っていたのを思い出し、すぐに連絡をとりました。ボロボロの身格好で宮古島の空港に降りると、3月とは思えない暖かい風が吹いていました。そこからタクシーに乗り15分ほど、途中で全長1,690mの来間大橋を渡ります。両脇には青と緑が混じった透明な海が広がっていて、初めて見た時は感動で言葉を失いましたが、今回はそんな余裕はなく、一刻も早く目的地に辿（たど）り着きたい一心でした。来間島の宿に到着し、オーナーさんに挨拶をすると、すぐに二段ベッドに潜り込み、泥のように眠りました。

　次の日の夕方だったか、翌々日だったか、ご飯も食べずにとにかくひたすら寝てやっと目を覚ました日。フラッと外に出て、一面に広がるさとうきび畑に囲まれた道を歩いていました。天気は良くて、風は生温く、静か

で、波の音が聞こえました。地球上でひとりぽっちになったような気分でとぼとぼ歩いていると、さとうきび畑の中で、畑仕事の休憩をしている集団に鉢合わせました。ささっとその横を通り過ぎようとした時、「ねぇね（お姉ちゃん）！一緒に食べよ！」とそのうちの一人から呼び止められました。中心には大きな鍋があって、そこにはたっぷりのカレーが入っていました。戸惑う私に、その集団は有無をいわさない勢いで「こっちにおいで」と、輪に入れてくれました。おじいやおばあ、おじさん、青年、フィリピンから来たという若い女性、老若男女が和気あいあいと談笑していて、そのカレーの美味しかったこと。お腹いっぱいになり、お礼を言って、また少し歩いていました。

　来間島の周囲は8kmほどで、島の大半はさとうきび畑やビーチが占めています。島にある僅かな集落を歩いていると、その中に小さなお店がありました。島で唯一の商店だというそこは、お店といっても車庫に棚が3台ほどと、小さな冷蔵庫が置いてあるだけでした。お店の前にはタッパーに入った豚足や島らっきょう、奥には調味料や乾物、日用品などが少し置いてありました。申し訳程度に黒砂糖などを買い、お金を払って去ろうとする時、白い麻のシャツを着た店主の小さなおじいが、メガネの奥でにんまり微笑んで言いました。

「がんばれよ！」

　心の中を見透かされたような気がしてドキッとしました。今思うと、そんなに悲壮感を漂わせていたのかとも思いますが、来間島はいつもそんな、ゆるく、あったかい場所でした。
　その後、私は宿に併設されたカフェで働き出しました。オーダーを間違

えたり忘れてお客さんに怒られるなんておっちょこちょいは相変わらずでした。仕事が休みの日や早く上がった日は、誰もいない秘密のビーチで泳いだり、商店に行っておじいやおばあと話しました。おじいやおばあなど"しまんちゅ"（島の人）同士が話すのを横で聞いていると、外国人になった気分でした。夜は同世代の住み込み仲間と漁港に行き、バスタオルを広げて満点の星空を見上げて語らい、ウミガメと泳いだり、島のハーリーというボートレースに参加したり、宿に泊まる旅人とゆんたく（おしゃべり）しました。貯金もなく、お給料から住み込み代は自動的に引かれて、その日暮らしのようなものだったけど、自然や人と常に隣り合わせの毎日は、生きている実感がもてました。

　5ヶ月ほど経ったある日、住み込みのアルバイトでちえちゃんという子がやってきました。住み込みのメンバーはだいたい1〜2ヶ月でいろんなひとが入れ替わりやってきましたが、私のように「ないちゃー」と呼ばれる本土から、バイトと休日を兼ねてやってくる人がほとんどで、それぞれが何かしらの傷を癒しに来ているようにも思えました。1ヶ月ほど同じ部屋で寝泊まりしたある日、ちえちゃんが私に言いました。

「うち、ディズニーランドで働くのが夢やってん。いつかお母さんになった時、子どもに何も好きなことやらんかったって言いたくないやん？ だからな、この後東京に行こうと思うねん。あやちゃんもいっしょにいかん？」

　重いのか軽いのかわからないノリの、唐突な誘いでした。でも、ちょうどバイト期間が終わりつつあり、これからどうしようか考えはじめていた

時でした。宮古島は楽しく癒されたけど、そこにずっと住むのも違う気がする。東京に特別憧れがあったわけではないけど、行ってみたら何かあるかもしれない。二段ベッドの上下で寝食を共にしていたちえちゃんは、偶然同じ誕生日で、何かと波長も合いました。
「ま、これも何かの縁か」と、ここにきた時はあんなに打ちひしがれていた心は、いつの間にかそんなふうに思えるまで回復していました。

　そこからさらに数年間、私の逃避行は、ゆるりふわり、風に吹かれるように、東京、兵庫、インド、そしてデンマークと続いていき、たくさんの出会いと別れがありました。

　2016年に再びデンマークに行く少し前、約3年ぶりに来間島に足を運びました。綺麗な海と、当時お世話になった人たちにもう一度再会することができました。いちばん会いたかったのは商店のおじいで、来間島に着くとすぐに小さな商店に向かいましたが、そこにはいつものおじいの姿はなく、おばあだけでした。「おじいは？」と聞くと、おばあは空を指差して「あっちに行った」と言いました。私が行くちょっと前に亡くなったと聞き、もっと早く行かなかったことを悔やみました。

　でも、シンプルだけど元気の出る言葉と、会うと必ずニンマリ笑ってくれた、メガネの奥の優しい微笑みはずっと心の中にあります。
　おじい、たんでぃがーたんでぃ（ありがとう）。

降りてきた糸

　出版社で働いていた時、ある出版記念のトークイベントで、急遽当日に司会を頼まれたことがありました。進行は先輩が進めてくれ、横でただ頷いていただけの私ですが、一言くらい何か言わなくてはと、最後に質問をしました。
「若くして夢を叶えた秘訣はありますか？」女子大学院生の頃から活躍されていたその作家の女性は、こんなふうに答えてくれました。

「私は、自分がラッキーだっただけだと思っていました。でも私の妹はこう言ってくれました。『チャンスの糸は誰にでも降ってくるものだけど、その糸が降りてきた時にギュッと掴めるかなんだよ。お姉ちゃんはその降りてきた糸をしっかり掴んだのだから』って」

　宮古島から東京に出てきた私とちえちゃんは、千葉県に限りなく近い東京で、一軒家のシェアハウスを見つけて暮らしました。ちえちゃんは念願のディズニーランドでアルバイトを見つけ、私はしばらく近くにあった介護施設でバイトをしていましたが、その後、青少年施設での臨時職員の募集を見つけ、そこで１年弱働きました。東京には、子どもたちが学校以外に、地域の大人たちと関わりながら好きなことに打ち込める居場所がたくさんあることを知りました。私は中高生の指導員として働いていて、ダンスや料理、星空観察、自主制作映画などのイベントを子どもたちとするのが仕事でした。家に帰れば、ちえちゃんを含めた４人の女性で住んでいて、「大都会・東京のキラキラした生活」ではなかったけど「ちょっとディー

プな下町生活」をそれなりに楽しんでいました。

　それなのに、1年目の契約の更新の際、私は継続を選択しませんでした。ストレスもなければ、条件やお給料も悪くない、子どもたちは元気でかわいかったし、今なら当時の自分の手からペンをぶんどって「継続」に丸をつけたいところです。

　東京から次に向かったのは、神戸でした。山も海もあり、洋館が立ち並ぶ上品なところと、港街らしいオープンな雰囲気が学生の頃から好きでよく行っていました。宮古島の綺麗な海や、東京の子どもたちに癒され、ふつふつと湧いてきた、まだ諦めたくない夢。それは、出版社にもう一度勤めることでした。ある出版社に手紙を書き、運よくアルバイトで入れてもらえることになりました。ずっと憧れていた出版社で、今度はやってみたかった編集部での仕事。「今度こそ！」と働きはじめましたが、早々に心が折れることになります。少し遠いところに住んでいたのもあり、朝は始発で、帰りはほぼ終電。休日もイベントで出勤がありました。まだ若い会社で、タイムカードもなければ、時間外労働や休日労働の手当もなし。何より組織の中で切磋琢磨しながら上手に立ち回るのもやっぱり苦手で、毎日ヘトヘトでした。これが一生続くと思うと、日々がまた、どんよりとしてきました。ちょうど同僚が辞めると聞き「私も辞めたい！」と心から思いました。今度は1年も持たず、僅か3ヶ月。辞職をなかなか承認されず、逃げるように退職届を置いて辞めました。

　まーた逃げた！ 私は本当にダメなやつだ。しばらくまた意気消沈の日々でした。でも、おかげで踏ん切りが付いたとも言えます。「自分には、出版社は向いていない」それどころか「正社員として、組織の一員として働

くこと」自体が無理なのだと、認めざるを得ませんでした。合わないことをするのはもう辞めよう。その時心に決めました。

　最終的に落ち着いたのは、当時住んでいた西宮市のアパートから徒歩圏内で見つけた、コワーキングスペースの事務とネットショップの補佐、webライターのアルバイトの掛け持ちでした。両方とも近いから選んだのですが、当時はまだ知らなかった「インターネットの世界」を知ることになりました。店舗を持たなくても、オンライン上で次々に注文が入ること。紙媒体を使わず、オンライン上で目に止めてもらうこと。知らなかった世界を知るのはそれなりに楽しく、気ままなバイトなので人間関係でも適度な距離を置けて、ストレスのない日々でした。それでも何か物足りない気持ちと、もう傷つきたくない気持ちの狭間で揺れ動いていました。

「チャンスの糸は誰にでも降ってくるものだけど、その糸が降りてきた時にギュッと掴めるかなんだよ」

　降りてきた糸を、自分は掴めなかったに違いない。後悔と諦めが入り混じった20代後半の日々でした。

Part 2 北欧との出会い 107

インドで北欧 1

　西宮でアルバイトを掛け持ちする生活を始めてから2年ほど経ったある日、インドのニューデリーにいる学生時代の友人、ミヤコさんから電話がかかってきました。

「今度こっちで友達のお姉ちゃんの結婚式があるんやけど、友達も呼んでいいよって言われてて。よかったらこん？」

　仕事で疲れていた時、アーユルヴェーダ[1]というマッサージを受けてから、ちょっとインドに興味がありました。友達の友達のお姉さん（会ったこともない）の、1週間ほどに及ぶ結婚式への招待。全てが未知な世界でしたが、ちょうど何かそんなものを欲していたのだと思います。「行きます！」と、なけなしのタンス預金でチケットを購入し、インドへ向かいました。

　初めてのインドは、聞いてはいたけど未知の世界でした。肌を見せてはいけない、気軽に笑顔を見せてはいけない、ご飯は右手で食べ、トイレでは左手でお尻を拭く、といった聞き慣れないルールがたくさんあり、街は動物や人、店、乗り物で溢れていて、注意力が散漫な私は、数メートル歩くだけでもどっと疲れました。予約したホテルでも小さなトラブルがあり何かと不安でしたが、結婚式まで1週間ほどあったので、長距離列車でイ

1　インドで生まれた5000年以上の歴史を持つ世界最古の伝統医学

ンドを旅してみることにしました。

　まず、ニューデリーから南西へ260kmに位置するラジャスターン州へ行きました。出発の日の早朝、中央駅の改札口に行くと駅員の人がチケットを見せるように言いました。チケットを見せると「この列車は今日運休になったから、あそこのカウンターで別の便に変更して！」と言われました。出発早々から不安が押し寄せました。しばらくどうしていいかわからず止まっていると、さっきの駅員がこちらにやってきて、早くカウンターに行くようにと急かしました。とりあえず言われた通りに行こうとしましたが、途中でふと足を止めました。（この人、本当に駅員？）。
　まだあたりは薄暗く、よく聞き取れない英語でしつこく何かを言ってくるインド人を前に、萎縮してしまいました。まだ早朝でしたがミヤコさんに電話をし、その男性と話してもらうことにました。男性から電話を返してもらうと、ミヤコさんは電話越しにこう言いました。

「その人たぶん怪しいと思うわ。私に『君はインド人か』って何度も聞いてきたから」
　やっとその男性を振り切ってもう一度改札へと進みました。それでも後ろからついてきていたその男性は、私が手荷物検査のゲートを通り、もう引き止めることはできないところまでくると「君の電車は○番線だから！」と言って、笑顔で去っていきました。

　序盤からこんな調子で、この先一体どうなるんだろう？　肩がギュッと上がり、コチコチになってホームで電車を待っていると、また誰かが声をかけてきました。

「あなたもしかして日本人？」
　顔を見ると、60代ほどの西欧人の女性でした。
「は、はい」
「やっぱり！　そのバッグ見てそう思ったのよ」
　その人はにっこりして、私が肩にかけていたショルダーバッグを指差しました。
「私フィンランド人なの。私もマリメッコ[2]好きなの！」

　電車が来るまでのほんの数分のたわいのない短い会話でしたが、安心して誰かと話せたこと、こんな遠い異国の地で、昔好きだった「北欧」に出会えた嬉しさで、不安で凍りかけていた心が、スーッと溶けていきました。

　その後のインドの旅も、カルチャーショックの連続でした。ニューデリーから離れると、そこはまた別世界の砂漠の都市でした。「ピンクシティ」と言われるジャイプール、「ブルーシティ」と言われるジョードプル。インドというより、どこか中東のようで、冒険物語の舞台のような迫力に圧倒されました。日本でも「ボリウッド」というインド映画が注目され始めていた時で、せっかくだからとローカルな映画館に入ってみました。映画館はほぼ満席で、幕が開き映画がはじまると、まるで大スターがステージに現れた時のような大歓声が湧きました。美人のヒロインが登場すれば誰かがピューッと口笛を吹き、インド映画名物のダンスが始まればみんなノリノリ、反対に悲しい時は思い切り悲しいムードになり、最後はまた大歓声のスタンディングオベーションで幕を閉じました。

2　フィンランドのファッションブランド。鮮やかな色の大胆なプリントが日本でも人気

食文化も豊富で、定番のカレーだけでなく、見たことのない食べ物が屋台にたくさん並んでいました。寝台列車に乗っていると、停車駅ごとに必ず「チャイチャイー」と大きな鍋を持った人が乗りこんできました。陶器のカップに入れられた熱い甘いミルクティー「チャイ」を旅中に何杯も飲みました。列車内のトイレに行くと、それは下に穴があいているだけの「落下式」でした。

　これまで行ったどんな国とも違う、エネルギーに満ちた国、インド。おもしろいことや壮大な景色、美味しい食べ物がたくさんある一方で「気を緩めたらダメ」という不安が常にあり、旅をのんびりと心から楽しむ余裕はありませんでした。
　長距離列車の旅からニューデリーに帰ってきて、はじめて三輪タクシーのリキシャではなく、地下鉄に乗ることにしました。できたばかりでピカピカの地下鉄に乗り、最寄り駅に着いて降りようとしたら、扉が開くと同時に大量の人が一斉に乗りこんできました。その勢いは凄まじく、背の低い私はあっという間にその波にのまれ中へ中へと押されました。押し潰されそうになりながら「お、おります！」と言いましたが、とにかくぎゅうぎゅう詰めで、身動きがとれませんでした。もう無理だと諦めかけた時、誰かが後ろから物凄い力で私の背中を押してくれました。扉が閉じるギリギリのところで、私は漫画のようにポンッと外に弾き出されました。

　電車が過ぎ去った後、恐怖から開放された安心感で、それまで張り詰めていた糸が切れたのだと思います。ピカピカのニューデリーの地下鉄で、子どものように泣きながら帰りました。

インドで北欧 2

　結婚式は、結婚披露宴当日までにもいろんな催しが1週間ほどにわたり行われると聞いていました。列車の旅からニューデリーに戻った頃には、慣れない環境に圧倒され、内心ちょっと帰りたい気持ちでした。催しの初日、上流階級が住む郊外のアパートを訪ねました。早めに着いた私は、まだ長旅の疲れがとれずにウトウトして待っていると、花嫁のお母さんが「寝室で寝ていいわよ」と声をかけてくれました。その優しい雰囲気にホッとして、お言葉に甘えて、寝室で仮眠をとらせてもらうことにしました。

　しばらくして賑やかな声で目が覚め、居間に戻ると、色鮮やかなインドの伝統衣装サリーを身に纏ったたくさんのゲストが集まっていました。その日は花嫁と女性のゲストだけが集まり、歌ったり踊ったりするという儀式でした。招待してくれたミヤコさんもいて、私を見つけるとすぐに隣に来て、こう言いました。

「うちもさっき知ったけど、私たちの他にも海外のゲストがいて、それがなんとデンマーク人なんやって！」

　私は大学でデンマーク語を専攻し、ミヤコさんはスウェーデン語を専攻した先輩でした。その後ふたりとも、北欧の福祉を勉強できる大学院の研究室に入りました。「こんなところで北欧？」とふたりで驚いていると、入り口から背の高いブロンドの女性がふたり、そして小さな女の子がふたり入ってきました。

その後も、長い結婚セレモニーは数日間続き、指輪を交換する儀式の日、女性ゲストが肌にヘナタトゥー[1]を描いてもらう日、大きな鍋で甘いお菓子を作り振る舞う日など、イベントが目白押しでした。1つ1つが長いので、海外ゲストだけでリキシャに乗り、抜け出すこともありました。学生時代、もっとデンマーク語を勉強しておくんだったと後悔しつつ、思い出したカタコトのデンマーク語と身振り手振りでデンマークから来た少女たちと話すのが、その間の癒しでした。

　ついにやってきた結婚式当日は、豪華なホテルの中庭で行われました。まず新郎が白馬に乗って、鼓笛隊とダンサーに囲まれながら登場しました。その壮大な演出と音に、小さかったデンマーク人の少女はびっくりして泣いてしまいました。母親はすでに前の方で鼓笛隊やダンサーと共に踊っていて、近くにいた私は、なんと声をかけていいか、おどおどするばかり。結局もうひとりの小さい女の子が、大きな声で踊っているその子のお母さんを呼んでくれました。会場に入ると、ゲストは300人余りにも及ぶ大人数で、王族の結婚式のような煌びやかな空間でした。私たち海外ゲストは花輪をかけてもらい、たくさんのカメラのフラッシュを浴び、ハリウッドスターにでもなったかのようでした。その後、色とりどりの料理が並ぶビュッフェで食事をし、ダンスタイムなどがありました。午後10時ごろになり、そろそろ終わりかなと思いきや、その後も儀式は続きました。最後に行われたのは、新郎新婦と司祭が火を囲み、その周りをゲストが囲み、祈祷をする儀式でした。300人のゲストは帰ったものの、親族と私たち海

---

[1] 植物の葉から採られた染料を使い、肌を一時的に染めるボディアート。健康、幸運、魔除などの意味が込められる

外ゲストは最後までいなければいけないようで、1時間、2時間、空気が冷えてくる中、祈祷をひたすら見守りました。全てが終わったのは、夜中の3時頃。やっとのことでタクシーを捕まえ、デンマーク人親子たちともそこでお別れでした。

「またね！ またデンマークで会いましょう！」

　連絡先も交換しておらず、しまったと思うも、疲れと眠たさが勝っていてすぐにタクシーに乗り込みました。でも、彼らとは本当にまたいつか会える気がしていました。それが、クリスティーナと次女のロザリーナ、そしてディテとその娘のエラの、4人のデンマーク人親子との出会いでした。

　長いようで短い、怒涛の、たくさんの経験が詰まった3週間のインド旅。関西空港に帰ってきた時はとにかくホッとした思いとともに、自分のなかに新しい気持ちが宿っていることに気付きました。

　もう一度、行ってみようかな

　特別な土地、インドで出会った「北欧」は、普段に増して輝きを放って見えたのかもしれません。それから1ヶ月後、当時のボーイフレンドや、掛け持ちしていたバイト先に「3ヶ月後にデンマークに行きます」と告げました。

再出発

　インドから帰ってきてからデンマークへ再び発つまではあっという間に過ぎていきました。その時点で 29 歳。1 年間海外に滞在できるワーキングホリデービザを申請できるのは 30 歳まででした。とりあえずすぐにビザを申請しましたが、デンマークで具体的に何をするかは全く決まっておらず、ただ「行く」と決めただけ。とはいえ、さすがに全く無計画で行くわけにもいかないので、いろいろと調べた結果、オペア制度というものがあることを知りました。

　オペアとは、住み込みのベビーシッターをするプログラムで、子どものいる家庭に居住し、食事も与えられる代わりに、育児や家事を手伝う異文化交流を目的とした制度。デンマークでは割と昔から導入され、女性の社会進出を支える制度でもあり、18 歳から 30 歳までの男女が最長 2 年間滞在することができます。労働時間は週に 30 時間まで、空き時間には学校にいったり、旅行にいったり自由に過ごすこともでき、お小遣いとして月額 4,000～5,000 クローネ（当時のレートで約 7 万円～ 9 万円）をその家庭が支給することが決められています。加えて日本からデンマークまでの飛行機代も払ってもらえるということで、貯金ゼロの私にはぴったりでした。早速オペアファミリーのマッチングサイトを見つけ、オペアを探しているデンマークファミリーのリストを見てみました。すると、ある親子の投稿が目に入りました。

「日本とデンマークのミックスの 7 歳の娘のオペアをしてくれる人を探し

ています。できれば女性で、娘に日本語で話してもらえる方がいれば歓迎」

　これは私のことだと思い、すぐに連絡をとってみました。話はスムーズに進みましたが、シングルファーザーの元で住み込みということで、全く不安がないわけではありませんでした。そこで思い出したのが、先日インドで出会ったデンマーク人のディテとクリスティーナでした。結婚式ではバタバタして連絡先も聞き忘れていたので、友人伝いに連絡先を教えてもらい、メールでふたりの意見を聞いてみることにしました。
　ふたりからはすぐに、それぞれ異なるけれど、心のこもった返事が返ってきました。

　"ファミリーのお家がある街はとてもいいところよ。もし万が一、少しでも心配や不安なことがあったら、近くにいるからいつでも助けを求めてくれたらいいわ"

　"私の意見は、ちょっと反対。せっかくデンマークに来るのに、1人でいることが多くなりそう。もっと賑やかなデンマーク人の家庭が楽しいと思うから、よかったら私が募集してみましょうか？"

　この返事をもらったこと、それだけで心強く、十分でした。
　少なくともふたり、信頼できそうな人が現地にいる。万が一合わなければまたその時考えよう。やっと決心がつきました。インドから帰ってきたのが11月の末。その約4ヶ月後、2016年の4月の初旬には、スーツケース2つに荷物を詰め、デンマークに飛び立ちました。

オペアの私

　初めてデンマークに行ったのは、大学生の時でした。デンマークの国民学校であるフォルケホイスコーレ[1]に行き、幼稚園で実習し、ホームステイもしてそれなりに良い経験をしましたが、その後の人生に直接落としこむまでには至りませんでした。

　30歳を目前にして、もう一度デンマークに行くことにしたのですが、今回も、特に「これをしたい」と言う具体的な目標や野心はありませんでした。でも、一つだけ決めていたことがあり、それはデンマークに滞在できる1年間を思い切り満喫するということでした。「やりたくないことはやらない」、決して立派な目標ではありませんでしたが、何度もろ過されて抽出された、純粋な思いでした。

　まだ肌寒い4月初旬にコペンハーゲンに到着した日、ビデオ通話では話したことがあるものの、一度も会ったことのない7歳の女の子と、そのパパが空港まで迎えにきてくれました。少し緊張してはいても、人懐っこそうな女の子Mちゃん。1年前に両親が離婚し、同じ街に住む母親と父親の家に1週間ごとに交代で滞在していると聞いていました。空港から車で30分ほどの家に向かうと、お庭のあるこじんまりした平家の一軒家でした。家の前には何もない広々とした草原が広がっていて、奥の方では馬が草を食べ、近くには小さなスーパーが一軒あるだけの、のどかな場所でした。

---

[1] 19世紀にデンマークで設立された成人教育機関。対話を通して民主主義を学ぶことが理念で、試験や成績表はない。全寮制で、17歳以上なら誰でも入学でき、様々なコースや科目を選べる。

1606年にデンマーク王室の「夏の離宮」として建てられた、
ローゼンボー城と王の庭園 (Kongens have)

Part 2 北欧との出会い　119

早速デンマークでオペア生活が始まりましたが、私のオペア任務は一般的なものと比べてかなりゆるいものだったと思います。Mちゃんがパパの家にいるのは隔週だったので、私のオペア任務も隔週でした。仕事がとても忙しいパパは、娘がいない週は会社のある遠く離れた場所に住んでいたので、私は家にひとりで過ごしていました。簡単な掃除などをして、あとは国が提供する無料のデンマーク語教室に行ったり、周囲の森やコペンハーゲン市内を散歩したりと、のんびりゆったりと過ごしました。

　肝心のオペアの任務はどうだったかというと、最初は私もMちゃんも、新しい環境に戸惑うこともありました。はじめの頃は学校に迎えに行っても「なんでママやパパじゃないのよ」と思われている気がして、なんとなくぎこちない雰囲気でした。

　1ヶ月ほど経った頃、夕方ふたりでご飯を食べて待っていると、パパから電話がかかってきました。「仕事が忙しくて今日は家に帰れないから、娘を寝かせてほしい」とのこと。Mちゃんはテレビを観たりして、平気な顔をしていましたが、寝る間際になると心細い顔をし始めました。ベッドに寝かせると「パパは帰ってこない？」と不安そうに聞いてきました。当時まだ7歳になったばかり。甘えたい年頃なのに、パパもママもおらず、代わりにいるのはまだよく知らないおどおどした日本人。申し訳ないような気持ちで「今日は帰れないんだって」と言うと、しばらく黙っていましたが、そのうち大きな目から大粒の涙がポロンとこぼれ落ちました。そのまま泣き声もあげず、静かに眠りました。そんな寝顔を見ながら、小さな彼女の中にもたくさんの思いがあるのだということを感じました。ここにいる間、良いお友達になろう、

そう思いました。

　ファミリーともデンマークとも、焦らずゆっくりと、打ち解けていきました。来たばかりの4月は、空も暗く、しとしと小雨の降る日も多く、まだ冬の延長といった感じでした。デンマーク語の語学学校の初日、開始の時間を1時間勘違いしていたことに気がつき、しょっぱなから大遅刻。パパに「日本人なのに!?」と驚かれ、彼の「日本人は時間に厳しい」という固定観念を覆しました。デンマーク語も、大学で勉強したなんて絶対言えない出来で、先生に当てられても何を聞かれているのかわからないという悲惨な状況が続き、珍しく真面目に勉強しました。
　5月になると急に気温も上がり、晴れの日が多くなりました。長い冬をずっと耐えてきた植物たちも、待ちきれないとでも言うように一斉に花開き、そのパンパンにはちきれそうな植物の生命力で、こちらの気持ちも少しずつ晴れてきました。

　6月になると汗ばむ日も増え、夜の10時頃まで日は沈まず、人々の表情も明るく楽しそうに見えました。本格的に長い夏休みに入る7月には、オペアファミリーや、デンマーク語のクラスメイトにもだいぶ打ち解けてきました。

　7月から8月初旬までは、デンマークでは長い夏休みに入ります。その半分を、コペンハーゲンのあるシェラン島の北部にあるオペアファミリーのサマーハウスで過ごしました。小さな港町で買い物をした後、右手に海が見える細い道をMちゃんとよく自転車で縦に並んで走って

いました。前日の雨で所々に水たまりができていて、先にMちゃんの自転車が通ると、バシャーッと後ろの私に水しぶきがかかるのが彼女にはとても面白いらしく、毎回後ろを振り向いて「かかったー？」と聞いてきました。「かかったー！」という会話を何度も繰り返しながら自転車で海岸沿いを走りました。いっしょに砂のお城を作り、落ちていた貝柄で装飾しました。庭には巨大なトランポリンがあって、私がその真ん中でドテーッと寝転んでいると、Mちゃんが周りをポンポンとジャンプしながら走り、小さな身体で重たい私の身体をなんとか浮かせようと必死になっていました。

　ただただ、そんななんでもない時間を過ごす日々。私はただのオペアで、7歳の女の子の友人でした。自分のそれまでの経歴も年齢も、そんなことは誰にも聞かれず、何も持たない、何者でもない私。過去の後悔や未来の不安なんかすっかり忘れて、これでいいのだと思えました。

ある夏の日、サマーハウス(コロニヘーヴ)でくつろぐ子どもたち

アンティークとの出会い

　オペアの仕事の合間に、よくひとりでいろんなところを散策していました。好きな場所や景色はたくさん見つけましたが、中でも自分の足が必ずピタッと止まり、自然とそちらの方向に向かっていく場所がありました。それは、大通りからひとつ入った静かな通りの古びたアンティークショップや、各地でよく行われる蚤の市でした。北欧には古いものを次に渡すという文化がしっかりあるようで、街中にアンティークショップやセカンドハンドショップがあり、週末は広場から個人の家のガレージまで、至る所でフリーマーケットが開かれていました。使い古された瓶や食器、手作りの刺繍雑貨や木のおもちゃ、出されなかった手紙、家族の写真が入ったフレーム……。独特の匂いとたくさんのモノが目に飛び込んでくると、なんとも言えない興奮が自分の内側から湧いてきました。そういえば昔から、かくれんぼとか、お祭りだとか、ワクワクするとおしっこに行きたくなる癖があったのですが、古びたアンティークショップや、フリーマーケットをやっているところを通りかかると、同じようにトイレに行きたくなりました。「私ってこれが好きなのかも！」とその時気がつきました。

　私の父方の祖父は、富山県高岡市の古い商店街で骨董屋を営んでいました。ガラスの古い引き戸を開けて中に入ると、古い壺や茶道具、鉄瓶、火鉢に掛け軸と雑多に積まれたいろんなものが目に飛び込んできて、古時計のチクタクゴンゴンという音が聞こえました。狭い通路を奥へ歩いていくと、祖父は火鉢の前にいて湯を炊いたり道具の手入れや金継ぎをしたりと、いつもせかせかと動いていました。週末は祖母と2人で骨董市に参加して

いて、そこに必ず無料でジュースが飲める自販機があったこともあり、親に「じいちゃんのとこに行きたい！」とせがんでよく連れて行ってもらいました。いつもニコニコして商売っ気はなく、骨董屋のくせにちょっと騙されやすく、でも私がおもちゃの指輪がほしいと言えば店から本物の指輪をとってきてくれる、そんな気の良い太っ腹な祖父が大好きでした。

祖父は、私が12歳の時に病気で亡くなってしまいましたが、祖父が亡くなってから数年後、今度は母が、故郷の飛騨高山で骨董・古道具のお店をはじめました。

生まれた時からいつも周りにあって、当たり前すぎて特に興味もなかった古めかしいものたち。それがただのガラクタではなく、お宝に見えてきたのは、30歳を目前にデンマークに行ってからでした。

最初は、荷物が増えるからと見るだけにしていたのですが、滞在が残り僅かになった冬頃から、自分や家族のお土産に少し買い始めました。すると途端に止まらなくなりました。夕方4時には暗くなる冬のコペンハーゲンの街に繰り出し、ひたすらアンティークショップを渡り歩いていました。部屋のクローゼットはみるみるうちに古いガラクタでいっぱいになり、それを時々取り出しては眺めているうちに、これを販売してみてはどうかと思い始めました。

ある日、私がいつも何かを抱えて帰ってくる様子を不思議に思ったオペアファミリーのパパ、ケネスが「最近何をそんなに買い込んでるの？」と聞いてきました。私はその日買ったものを少し見せて「きっとデンマークの古いものは、日本人の感覚に合うと思う。私のおじいちゃんも昔骨董屋

をやっていたし、私は以前ネットショップのアルバイトをしていたし、インターネットで売ってみようと考えていて……」と自分の計画を話しました。話を聞いていたケネスは「おもしろいね。自分は昔運送会社で働いていてコネがある。娘が日本人だから日本の市場に興味もある。出来る限り手伝ってあげよう」と申し出てくれました。

　その1ヶ月ほど後で、1年のワーホリビザの滞在期間が終わり、日本に帰国しました。私の後を追って実家に届いたのは、デンマークから送られた何十箱もの箱で、そこには古いものがぎゅうぎゅうに詰まっていました。

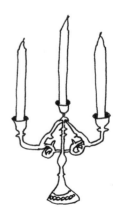

Part 2 北欧との出会い　127

トライ＆エラー

「また何を始めたん！」帰ってきたと思ったら膨大な数の箱に埋もれていて、周囲が驚き呆れたのは言うまでもありません。デンマークで仕入れを手伝ってくれたオペアファミリーのパパ、ケネスは私が日本に帰る前、何度も言いました。

「アヤ、トライ＆エラーだよ。必ず、思うようには行かないことがある。それでも"keep the faith"（自分を信じ続けなさい）」

　その言葉を真に受けた私は、とりあえずいろいろやってみることにしました。まずはいちばん簡単なフリマアプリを使って販売してみました。そのうち父が、家をくちゃくちゃにされてはかなわないと、知り合いのツテで倉庫を見つけてくれました。口コミで倉庫にお客さんがくるようになり、お客さんを通じて「ここで展示販売会をやってみない？」と声がかかるようになりました。大正時代に建てられた郵便局の建物を使った文化施設、素敵なご夫婦が運営する薪ストーブ屋さん、北欧の家具があるカフェ、美味しいケーキ屋さんなど、富山県内や姉のいる長野県と、たくさんの縁に恵まれ、販売会を開くことができました。

　1年ほどすると、独自のオンランショップも作り、全国のお客さんに商品を送るようになりました。屋号は「Imaya」にしました。私の母のお店が「藍夢」（アイム）という名前だったので、それを英語表記にして「Im」に、自分の名前「aya」を足しただけでした。デンマーク

のスーパー「Irma」(イヤマ)に響きが似ているし、「今やりたいことをやろう！」みたいでいいなと、あまり悩まずに決めました。どんな仕事も最長1年しか続かなかった私が、たくさんの協力を得て、今年で7年目。うまくいくことばかりではないけど「あなたに合っている仕事だね」とよく言われます。

　最近、食器の撮影に使うカトラリーがないかと実家の食器棚をゴソゴソ漁っていると、ちょうど古びたスプーンが出てきました。(いいのあるじゃん！じいちゃんかお母さんのお店にでもあったやつかな)なんて思い、そのスプーンをリュックに入れ、撮影をするため倉庫に向かう途中、突然ある記憶が蘇りました。

　これ、ずっと前に私が買ったやつ！

　それは北欧に行くもっと前、20年も前、高校生の時に1ヶ月のイギリス研修へ行った時でした。1ヶ月間の予定がイラク戦争が始まったことによって早めに帰らなければならなくなり、楽しみにしていた最後のロンドンの自由行動がたった1日だけになりました。みんなで文句を言いながら、足早に観光地をまわることになったのですが、私は「ちょっと行きたいところがあるから！」とひとりで別行動をしました。向かった先は、コベントガーデンマーケットでした。かつては青果市場だったコベントガーデンは、ロンドンの中心地、ウエストエンドの西部にあるエリアで、オードリー・ヘップバーン主演の映画『マイ・フェア・レディ』の舞台になった場所でもあります。マーケットは屋根がついていて、広場ではクラシック音楽や、大道芸人のパフォーマンスが行われていて、たくさんのカフェやブティックが立ち並んでいました。

私の目当ては、その奥にあるアンティークマーケットでした。食器やジュエリー、銀製品、絵画などたくさんのお店と人で賑わっていました。ざっと1周して、戻ってきたのは、おばさんのお店。マーケットでは値段交渉ができると聞いたのを思い出し、カタコトの英語で値段交渉しました。こわそうなおばさんは多分「ダメ、これは貴重なものだから」なんて言っていたのだと思います。一瞬で交渉不成立。それでもどうしても欲しくて買ってきたのが、その古いスプーンだったのです。銀が黒く変色した古臭い小さなスプーンでしたが、よく見ると、トップのカンガルーの体の中には綺麗な天然石があしらわれ、柄の部分は木に鳥が止まっている装飾がなかなか素敵でした。これってイギリスじゃなくてオーストラリア？　と疑問が湧くのは別にして、高校生にしてはなかなか渋いチョイス。

　このスプーンが出てくるまで、そんなことすっかり記憶から消えていました。大好きだったじいちゃんと、いつも周りにあった古いものたち。意識せずとも、ずっと昔から、私のアイデンティティのひとつだったのかもしれません。その古いスプーンを眺めながら、当時ロンドンで海外初仕入れに挑戦した私に「20年後、君はこれを仕事にしてるよ」なんて囁いたら、どんな顔をするだろうと想像しました。

　でも、本人が自分で見つけるまで、やっぱり黙っておこうと思います。それまでの景色も、決して悪くはないから。大丈夫、トライ＆エラーでいけ、私。

Part 2　北欧との出会い　　131

旅のコラム

アンティークショップ

Kongens klær's
(Rosenborggade 10, コペンハーゲン／デンマーク)

　デンマーク王室の「夏の離宮」として建てられた美しいローゼンボー城のすぐ近くにあるトーベンおじちゃんのお店。店名のKongens klærは「王様の服」という意味。本が好きで、以前は別の場所で書店を経営していましたが、本が売れなくなったことから2000年にヴィンテージショップを開店。店内は広く、洋服や靴、小物から雑貨まで幅広い品揃えで、60年代から70年代にタイムスリップしたような気持ちになる、レトロで優しい雰囲気の店内。「お客さんとお話するのが生きがい」というトーベンおじちゃんの顔を見によく立ち寄ります。

Rogers Antik och Design
(Kärleksgatan 4, マルメ／スウェーデン)

　マルメで最も賑わう通り、Davidshallsgatan から少し入った通りで、腰掛けてサンドイッチを食べながら通行人とおしゃべりしている人がいたら、おそらくロジャーさん。以前はオークションで働いていたロジャーさんが 1996 年からやっているアンティークショップの店内は、端から端まで、床から天井までぎっしりと北欧各国のアンティーク食器が積まれています。「日本が好きで、外国人のお客さんと話すのが楽しい。最後のその日まで、店を開けるつもりだよ」とロジャーさん。

2024 年 9 月 30 日、日本の私のところに訃報が飛び込んできました。言葉通り、最後の日までお店に立っていたと聞きました。あの通りに行ってももう姿が見られないと思うととても寂しいですが、きっと天国でもみんなとおしゃべりを楽しんでいるはず……。優しい時間をありがとう、ロジャーさん。

北欧のおいしいものたち

Denmark

Flæskesteg ／フレスケスタイ
皮付きの豚肉をオーブンで焼き上げたクリスマスの定番料理。皮に細かく切り込みを入れ、パリパリの食感を楽しみます

Flødeboller ／フルーデバラ
柔らかいメレンゲにチョコレートをたっぷりコーティングした甘いお菓子

Frikadeller ／フリカデラ
肉や魚の白身で作った小さめのハンバーグ。たっぷりのバターで焼くデンマークの伝統的な家庭料理

Rødgrød med fløde ／ゴッゴメフルーデ
いろんな種類のベリー、ルバーブとお砂糖をグツグツ煮て、最後に生クリームをたっぷり入れて食べる夏のデザート

Sweden

Kroppkaka／クロップカーカ
ジャガイモで作った弾力のあるお団子。ベーコンと甘酸っぱいベリーのジャムを添えて食べる南部の伝統料理

Skagenröra／スカーゲンラーラ
小エビをディル（ハーブ）とレモン、マヨネーズで和えたソース。焼いたジャガイモやパンにたっぷり載せて、赤キャビアの食感がアクセント

Semla／セムラ
カルダモン入りのパンにアーモンドクリームとホイップクリームをたっぷり挟んだスウェーデンの伝統菓子

Räkmacka／レックマッカ
大盛りの小エビと茹で卵が載ったオープンサンドイッチ。ナイフとフォークでカットしながら食べます

エルダーフラワー

　6月になると、あちこちに咲き乱れる白い小さな花は、Hyldeblomst（エルダーフラワー）。庭や公園、近くの森に行って花を摘み、レモンと砂糖とクエン酸を入れて煮て、2、3日置いたらコーディアルシロップの出来上がり。水や炭酸水で割って飲みます。甘い香りを嗅ぐと気持ちがホッとし、デトックスや美肌の効果もあるそう。

　写真は友人のディテが、弟のスアンに肩車してもらい、高いところにあるエルダーフラワーを摘んでいるところです。

ツリーハンティング

クリスマスの時期になると、街角にツリー屋さんが現れます。そこで買う人もいれば、郊外のツリー園に行き、たくさんの中から選んで買う人もいます。

1. おばあちゃんが作ってくれたお揃いの帽子をかぶっていざクリスマスツリーハンティングへ

2. 候補を見つけたら、目印に帽子を被せておきます

3. 家族会議の結果、今年のツリーはこれに決まり！おじいちゃんに教えてもらって上手に切れるかな

4. 大事に運んで、家についたら飾りつけ。クリスマスにはこの下にたくさんのプレゼントが積まれます

北欧 Trip

Bornholm（ボーンホルム島／デンマーク）

　コペンハーゲンから電車とフェリーで約3時間半ほど、スウェーデン南部に近いボーンホルム島。デンマーク本土とは違う雄大な自然と温暖な気候で、多くの芸術家が移り住んだアートの島でもあります。陶芸やガラス工房、白い砂浜のビーチ、12世紀の城跡、広い草原、藁葺き屋根の農家、豊富な魚介類の薫製（くんせい）など、様々な魅力に溢れ、夏にはデンマーク国内外からたくさんの人がバカンスに訪れます。

Gotland（ゴットランド島／スウェーデン）

　ストックホルムからフェリーで3時間、バルト海の南に浮かぶスウェーデン最大の島。中心都市のヴィスビューは、城壁に囲まれ、中世の教会や遺跡が残る世界遺産の街です。バイキングが街を作り、交易の拠点として繁栄した島には数々の伝説があり、物語の中に入ったような景色に出くわします。名物は、交易品として持ち込まれたサフランがたくさん入ったパンケーキ。特産のベリージャムとホイップクリームを添えていただきます。

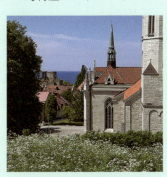

Part 3

自由に生きる

Life, liberty and happiness

ゆるく生きてもいいですか

　デンマークは、大小様々な島から成る島大国でもあります。最近、デンマークの友人と話していると、ある小さな島に移り住み、専業主婦になって自然に囲まれながらのんびりと子育てをすることを決めた女性が、本を出版したことが話題になりました。きっと穏やかでいい暮らしなんだろうな〜なんて呑気に聞いていた私ですが、話は意外な方向へ。その女性の本が出版されるや否や、国内で物議を醸したのだそうです。主に政治家たちが、その本に警鐘を鳴らしたそう。全然話が飲み込めない私。私の友人も政治家たちに同意せざるを得ないところがあると言うので、さらに困惑しました。友人はこう思ったのだそうです。

「主婦になるのは勝手だけど、その子どもたちの教育や医療費は、私が毎日あくせく働いて払うの？」

　彼女はそう言った後、我に返ったように「でもそれってきっと私のエゴで、嫉妬よね」と付け足しました。

　ははーん、とやっと理解した私。デンマークはもちろん好きだし、いいなあと思うことはたくさんありますが、実はそんなシビアなところがあることも、薄々感じてはいました。

　政治家や私の友人が異を唱えたのは、つまりこういうことです。デンマークでは、高福祉に加え、子育て支援やワークライフバランス、女性の地位

通りでフリーマーケットが開催されているのを見て、さっそくジュースを持ってきて販売する幼馴染のベロニカとミナ。1杯1クローネ（約20円）にしました。

Part 3 自由に生きる 143

向上など、様々な政策を打ち立てて、女性の自立支援を行ってきました。例えパートナーとうまくいかず、ひとりで子どもを育てることになっても、子どもの教育費や医療費は無料。18歳以上の高等教育を受ける学生にはSU[1]という毎月の生活費が支給されるので、親の収入によって子どもの選択肢が大きく左右されることもありません。誰もが生活の基本的な不安を感じることなく、様々な生き方が選択できます。それだけ聞くと、ゆる人間の私は「自由にいろんな生き方ができるなんて、いいなあ〜」なんて思ってしまうのですが、もしかして、ゆったりのんびり生活できるだけの世界でもないのかもしれない、というのも時々感じることです。なぜなら、その資金を負担しているのは国民自身で、人口600万人に満たない小さな国が世界と渡り合って、今のような社会を維持していくには、女性を含めた国民一人ひとりを総動員するというのが前提だから。「たくさんの人が、専業主婦におさまってのんびり暮らしてもらっては、これまでのような社会は維持できない！」政治家たちはそう反対したのです。

　もちろん、女性もバリバリと働いて、自分の能力を社会に活かしながら、子育ても両立できる環境があることは素晴らしいことだと思います。以前10代から20代の年頃の女の子たちに「将来どんなふうに暮らしたい？」と聞いたら、「やりがいのある仕事をして、バルコニーのある素敵なおうちに住んで、子どもを数人育てること」と、かなり現実的な答えが返ってきて「お金持ちと結婚して優雅に暮らすことかなー」なんて内心思っていた自分が恥ずかしくなりました。友人曰く、デンマークでは確かに「玉の輿に乗る優雅な奥様」よりも「仕事も家庭もいろんなことをバリバリこな

1　Statens Uddannelsesstøtte（国の教育支援）。毎月約6500デンマーククローネ（2024年8月現在のレートで日本円で約14万円、税引き前）が国から支給される

すキャリアウーマン」が圧倒的に多数派の理想の女性像なんだそうです。あらま！ さすが、意識高い！と感心したわけですが、もしかするとそこには「女性も社会に貢献をしてこそ一人前」という、社会の見えない圧力があるのかも、とも思います。

　主婦どころか、いつまでも実家にいて、社会への生産性なんてほぼゼロの私。今さらそこに罪悪感や恥じらいなんてないと思っていたけど、友人のその話を聞いて、思わずちょっと肩身の狭い気持ちになりました。私みたいなゆるい人間、デンマークにしたら「お断りします！」と即刻フラれそう。

　もちろんそれは日本だって同じこと。小さな甥や姪は、おじいちゃんとおばあちゃんの家に遊びに来ると、必ずいてだらだらと過ごしている私を見てよく言います。
「あやちゃん、ずるい！ みんな頑張ってるのに！」
　そんなちびっ子たちの真摯な意見に「あやちゃんもそう思う……」と肩をすくめる私。周りを見渡せば、デンマークでも日本でも、人間も他の生き物も、本当にがんばっているなと思います。それに比べて自分は……のんびりしている？ いや、自分に正直に生きている？ とりとめのない考えを巡らした後、最後に自分に言い聞かせます。

「とりあえず、今いる場所で、自分ができることをしよう。」

政治の世界も男女平等

　2024年現在のデンマークの首相はメッテ・フレデリクセン氏。41歳だった2019年、デンマーク史上最も若い首相として就任し、女性の首相としてはデンマークで2人目でした。他の北欧4ヶ国でも、ノルウェーのエルナ・ソルベルグ氏（2013〜2021）、アイスランドのカトリン・ヤコブスドッテル氏（2017〜2024）、フィンランドのサンナ・マリン氏（2019〜2023）、スウェーデンのマグダレナ・アンデション氏（2021〜2022）と、過去5年間に女性の首相が国を牽引していました。

　ジェンダー平等が進むことで知られる北欧の国々。女性の管理職率が高く、女性の政治参画も積極的です。北欧5ヶ国の国会議員の女性議員比率（2023年）はフィンランドが46%、スウェーデンが46.1%、ノルウェーが45.6%、デンマークが44.1%、アイスランドが47.6%と、半数に近づいています。政治の世界でも女性が活躍する背景には、クォーター制の導入（各政党や企業役員、公共の委員会のメンバーの40%以上を女性とする）や、女性が子育てと仕事を両立できる環境づくり、男性が積極的に育児休暇を取得できる法律など、社会が女性の社会進出とジェンダー平等の推進を積極的に後押ししていることがあげられます。意思決定の場に女性が増えることで、社会にとって様々なメリットがありますが、中でも家事や育児、介護など、人々の生活に直接関わる仕組みを変革していくためには、女性の意見が欠かせないと言われています。

参考文献：澤渡夏代ブラント・小島ブンゴード孝子『デンマークの女性が輝いているわけ』大月書房（2020年）

環境問題のデモに参加したら、メッテ・フレデリクセン首相に遭遇し、写真を撮ってもらったミナとベロニカ

モノにも心

「これだけ何だか好きじゃないんだよね」
「あんまり可愛くないでしょ」

　デンマークから帰ってアンティークの仕事を始めてまだ間もない頃でした。品物も増え、少しずつ売れるようになってきた頃、偶然、イギリス製のコーヒーセットをお手頃な価格で見つけ、深く考えずに入荷しました。

　倉庫で広げた時、祖父や母のお店に置いてあった日本の古い家具や北欧の食器の中で、そのイギリス製の食器だけが妙に浮いているように感じました。ただ自分のテイストに合わなかっただけのことなのですが、なんだか仕入れに失敗してしまったような気がして、それを認めたくないという気持ちが強かったのだと思います。ことあるごとにその食器の悪口を言いました。

　早く売ってしまいたいと思うようになり、思い切って価格を下げて販売したところ、無事完売。発送作業を終え、ほっとしたのも束の間、お客さんから連絡が入りました。聞くと発送にミスがあったようでヒヤッとしました。何とか早く事態を収集したい気持ちがから回り、状況はどんどん悪い方向へ。最終的にはお客さんを怒らせてしまい、お店に初めて「悪い」という評価がつき、がっかりしました。でも心のどこかで納得した自分もいました。その食器に向けた心ない言葉が、愛のない思いが、自分に戻ってきたのだな、と。

そんなふうに、モノからしっぺ返しをされたように感じたことがあれば、これってもしかして恩返し？と思うこともたくさんありました。

　アンティークを始めるずっと前から、家には青い眼の西洋人形がありました。母の友人、あきこさんが幼い頃に大事にしていた人形で、白地に赤い糸で刺繍が施されたドレスを着て、ブロンドの長い髪に青い瞳、ぷっくりとしたほっぺと赤い小さな唇の綺麗なお人形でした。横に寝かせると、長いまつ毛が生えたまぶたをピタッと閉じる細工がありました。
　私たち3人姉妹は母に「大事なお人形だからままごとには使わないで」とさんざん言われていましたが、お人形の可愛さに、たまにこっそり触っていました。いつからか寝かせても片目しか閉じなくなったという負傷はありましたが、綺麗な状態のまま、いつもリビングにある古い小さな木製の椅子にちょんと座っていました。

　それから何年も経ち、私が再びデンマークに渡った2016年の秋、両親とあきこさん、友人のむつこさんがデンマークに遊びにきたことがありました。私たち5人はデンマークからスウェーデン、そしてノルウェーの3ヶ国を旅行しました。オスロにある民族博物館に行った日の夜、あきこさんが私に言いました。

「ねぇ、そういえば昔、私が使っていたお人形をあげたことがあったでしょ？」
　お人形のことは、もちろん覚えていました。
「今日、民族博物館にあった刺繍のドレスで思い出したんだけどね、

そういえばあれ、昔、父がデンマークに行ったお土産で買ってきてくれたお人形だったの」

　あきこさんが子どもの頃大事にしていたお人形だということは知っていましたが、それがデンマークのお土産だったということは、私も母も初耳でした。あきこさんはこんなことを教えてくれました。

　東京で育ったあきこさんは幼い頃、いつも陶器でできたお人形で遊んでいたそうです。ある日、それを落として割ってしまい、普段はおとなしいあきこさんがこの時ばかりは大泣きして、両親も驚いたそう。しばらくして当時銀行員であったあきこさんのお父さんが、海外出張のお土産に買ってきてくれたのが、あの青い眼のお人形でした。帰ってきたお父さんは、コペンハーゲンにあるチボリ公園のことなどを話してくれそうです。それから何十年も経って、母に3番目の女の子の私が生まれた時、あきこさんは「うちには男の子しかいないから」と、母に大事だったそのお人形をプレゼントしてくれたのだそうです。

　もらった当時から汚れなどほとんどなく綺麗な状態だったのは、あきこさんがそのお人形をとても大事に扱っていたからなんだな。納得したのと同時に、なんとも不思議な気持ちで、そのお人形のことを思い出しました。
　小さな頃、姉がこっそりその長いブロンドの髪の毛を三つ編みに結び直していたのを横で羨ましそうに見ていたこと。高3の冬、リビングで受験勉強をしていた時、教科書から顔をあげて一服すると、いつも小さな椅子に座っていて、こちらを見つめていたこと。

コペンハーゲンにあるアンティークショップには、古いロイヤルコペンハーゲンの食器がこれでもかというほど雑多に積まれています。

Part 3　自由に生きる　151

壁にぶち当たると登場して、暗闇の懐中電灯のように道を照らしてくれたデンマーク。その最初のご縁は、高校生の時の本でも、インドでもなく、私が生まれてすぐ、あのお人形が家にやってきた時？　あのお人形、大事にしてくれたあきこさんに、デンマークを見せたかったの？　今にも道を外れそうな私を、そっとサポートしてくれてたのかしら。不思議な気持ちは、じわじわとあたたかい気持ちに変わっていきました。

　デンマークに連れて行ってくれて、ありがとう

　あらゆるものに心があって、その思いがいろんなストーリーを紡いでいるのだとしたら。そう思うと、生きることがちょっと神秘的で、楽しくなります。

汝の欲することをなせ

　2023年の秋、北欧の買い付けから戻ってすぐ、なんだか身体に異変を感じました。疲れたのだろうと1ヶ月ほど放っておいたら、手の指から足の指まで、身体の節々が痛くなって、おかしいなぁと病院に行くと、リウマチという病気だということがわかりました。そういえば、農家だった母方の祖母も同じ病気で、野菜を切りながらいつも「手がいてぇんやさ（痛くてね）」と言っていたのを思い出しました。

　そのうち布団から起き上がるのも一苦労になり、3ヶ月後にすでに予約していた北欧行きの便はキャンセル。せっかくマイルが貯まって、無料で行けると思ったのに。今年こそクリスマス会に行くねって、デンマークのみんなに言ってきたのに。お医者さんには一生付き合わなければいけない病気で「重いものを持ったり長時間歩いたりしないように」って言われたけど、重い荷物を持って歩き回るのが私の仕事。いろんな不安や恐れが襲ってきました。でも、そんな気持ちを一通り感じたあと、もっと奥に溢れていたのは、

　あー、こんなことになるんだったら、これまで散々やりたいことをやってきてよかったー！

　という呆れるほどお気楽な気持ちで、自分でも笑ってしまいました。それでふと、思い出した言葉があります。

　"汝の欲することをなせ"

子どもの頃から好きだった、ミヒャエル・エンデの童話『はてしない物語』[1]に出てくる言葉です。いじめられっこの少年バスチアンが、本の中に入っていき、虚無に侵されたファンタージエン国を救う物語。高学年でもちょっと難解で、その後、大学生になっても大人になっても何度か手に取りました。自分が成長するにつれて印象が変わる本で、主人公と同じように、いつの間にか自分も物語の中に入り込んでいるかのようでした。

　主人公のバスチアンは、アウリンという望みを叶えるペンダントを与えられますが、その裏には"汝の欲することをなせ"という文字が書かれていて、それを見たバスチアンは聞きます。

「汝の欲することをなせっていうのは、ぼくがしたいことはなんでもしていいっていうことなんだろう、ね？」

　すると、ライオンのグラオーグラマーンはこう答えます。

「ちがいます。それはあなたさまが真に欲することをすべきだということです。あなたさまの真の意志を持てということ。これ以上にむずかしいことはありません」

　バスチアンはその後、そのアウリンによってたくさんの望みを叶えていくのですが、したいことをなんでもすることと、真に欲すること、

1　ドイツの作家ミヒャル・エンデによるファンタジー小説。日本語版は上田真而子・佐藤真理子訳で1982年に岩波書店より刊行。

Part 3 自由に生きる 155

その2つの何が違うのか、その違いはどうしたらわかるんだろう？ 主人公と一緒になって思っていた疑問の答えを、今もずっと探しているように思います。

　今のところわかっているのは、とりあえずやってみるしかないということ。アウリンを与えられ、望みを勘違いしてたくさんの過ちを犯す主人公のバスチアンの姿に、いつも心の中で「バカだなぁ〜」と思って読んでいたけど、気づいたら自分も同じでした。「これをやってみたい！」という思いに従った結果、失敗したり、痛い目にあうことは日常茶飯事で、こんなことだったらやらなければよかったと、後悔したこともたくさん。それでも振り返って、全て受け入れることができた時、心の中に爽やかな風が吹いた気がしました。
　それから、次の望みも湧いてきました。夏にマルメで書き始めた北欧の原稿、放置して忘れかけていたけど、やっぱり最後まで書こう。

　今でもふと、ライオンのグラオーグラマーンに静かに見つめられているような気がすることがあります。
「むずかしいって言ったでしょ」と。

本の魔法

　2023年の8月、北欧での滞在も残り僅かとなった時に、ディテから「ルイジアナ美術館に行かない？」と連絡がありました。コペンハーゲンから北に電車で30分ほどの海沿いにあるルイジアナ美術館は、世界で最も美しい美術館と言われていて、年間パスを持っているディテはよく連れて行ってくれます。「もちろん、行く！」と返事をし、夕方にディテの車で美術館に到着すると、その日はいつも以上に駐車場が混んでいました。今日は駐車できないのではと思った矢先、一台がすっと出ていきました。警備員のおじさんは「あんたたち、ラッキーだったね！」と言いました。

　シーズンごとに様々な展示が行われるルイジアナ美術館。いつもは静かな館内ですが、その日はなんだかざわついていました。展示を一通り見終え、中庭の見渡せる渡り廊下まで来ると、海の見える広く美しい庭園に大きなテントが張ってありました。外に出てみると、たくさんの人だかりが長い列を作っていました。ディテは列を作っていたひとりに聞きました。「今日は一体何があるの？」返ってきた言葉に、私たちは思わず顔を見合わせました。

「Haruki Murakamiが来るの」

　ハルキ・ムラカミって、あのハルキ？
　小雨が降ってきたのに、傘も持たず、ジャケットも持っていなかった私たち。とりあえず、テントの後ろにある大きな木の下で待つことにしました。すると、拍手と共に現れた村上春樹さんは英語で挨拶し、日本語で朗

読を始めました。

「……彼女は僕より10歳くらい年下だったと思う。しかし年齢は彼女にとって重要な要素ではなかった。彼女の容姿のあり方は、それ以外のほとんど全ての個人的ファクターを凌駕していたからだ……」

　その話に、聞き覚えがありました。(この前、あそこで選んだ本!)
　あそことは、長野県茅野市の駅前にある今井書店。今井書店は、小学校にあがった姪のこころを学校帰りに迎えにいく、待ち合わせの場所でもありました。ベビーカーに乗っている頃から今井書店に通っているこころは、店内に入るや否や、自分の家であるかのようにランドセルを降ろすと、レジの横にある小さな椅子に腰掛けて好きな本を読みはじめます。「ちょっと、図書館じゃないんだから」と言うと、店長の志保さんは「いいの、いいの、こころちゃん」と、いつもやさしく見守ってくれる、誰もがほっとする場所です。
　ある時いつものように待ち合わせをし、しばらく店内を見てまわっていると、何やらいつにも増して、真剣に本にかじりついているこころの姿がありました。「今日は何見つけたの?」とチラッとのぞくと、スウェーデン人の女性作家が描いた『あかちゃんはどうやってつくられるの?』[1]という絵本でした。ユニークなイラストを使い、ごまかすことなく大切な命のことについて書いてありました。その帰り道、いつもなら、今日あったことやお友達のことなどを話しながら帰るこころですが、その日は道すがらほとんど言葉を発しませんでした。元気いっぱいの小鳥が、少しの間、魔法使いにエイッと魔法をかけられ、声を盗まれたかのようでした。「声な

1　アンナ・フィスケ作、さわきちはる訳『あかちゃんはどうやってつくられるの?』(2019年)、河出書房新社

ルイジアナ美術館の庭園。晴れた日は対岸にスウェーデンが望めます

Part 3 自由に生きる 159

くしたの？」と言っても彼女はなにも言わず、タタタタッと私の前を軽快に飛び回っていました。

　次の日、こころは母親である私の姉に「あの本がほしい」と、もう一度今井書店に行ってその本を買ってきました。しばらくして私が寝ている時、その本を持ってきてくれて「あやちゃんもね」と謎の言葉を残して去っていきました。たぶん、彼女にとってはコペルニクス的転回、人生の小さな転機を与えてくれた大事な本になったのだと思います。

　姉はよく言います。「こころは、今井書店に育てられてるから」

　北欧に行く直前、私もそんな今井書店の中をぐるぐる周り、やっと選んだ１冊が、村上春樹さんの短編集『一人称単数』[2]でした。北欧でも人気の村上春樹さんの本についてはよく話題にあがります。日本人なので「あれは読んだ？」と聞かれることがよくありますが、残念ながら私はほとんど読んだことがなく「うーん、ちょっとわからない……」といつも申し訳ない思いで答えるばかり。そういうこともあって、なんとなく選んだ１冊でした。それが、デンマークで著者自身の朗読を聞くことになるとは。

　ルイジアナ美術館から出ると、秋の風が吹いていて、陽が少し短くなってきたようでした。ディテは何度も言いました。

「今日はなんてマジカルな日！」

　私もそう思いました。これはきっと、本の、そして今井書店の魔法だ！ 魔法が生まれる場所はやっぱりみんなで大切にしていかなければ。ますすそう思うようになりました。

2　村上春樹『一人称単数』（2020年）、文藝春秋

スウェーデンのマルメにある古本とアンティークのお店
Bokfinken（helmfelstgatan 1, マルメ）

縄文のビーナス

　姉のいる長野県茅野市は、縄文時代の遺跡で有名な地でもあり、そこで発掘された国宝の「縄文のビーナス」という土偶のレプリカが街中に見られます。ある時、母と茅野市内の日帰り温泉に行くと、そこの露天風呂にも「縄文のビーナス」がありました。今から約5000年も前に作られたというその土偶は、シンプルな顔つきに、突き出たお腹と立派な下半身。自分のイメージにあるビーナスとは違ったけど、その滑らかな曲線は優しく、あたたかみがあり、なんとも言えない魅力がありました。横で湯船に浸かっていた母に言うと、岡本太郎[1]なんかは、縄文時代の作品を日本の美の原点として影響を受けたのだと教えてくれました。

　へぇーとそのビーナスを眺めながらしばらく湯船につかり、先に洗い場で髪を洗っていた母の元へ近づいていた時、その後ろ姿を見てハッとしました。

「お母さん！ 縄文のビーナスやん！」

　大発見に興奮している私の方を、頭にたくさんの泡をつけながらチラッと振り返った母は真顔で言いました。

「あんたもやん！」

1　岡本太郎（1911～1996）日本の前衛芸術家。「太陽の塔」は大阪万博（1970）のシンボルとなり、永久保存。没後の1998年に記念館、99年に美術館が開館し、その強烈な作品や言葉が今も若者を励まし続けている。

確かに前の鏡に映っていたのは、母からしっかりと引き継いだ、カーブを描いた立派な下半身でした。たしかに、とふたりでガハハと笑いながら（ここまで長かったね）と、自分をちょっと抱擁したい気持ちにもなりました。

　昔から人よりお尻が大きいのがコンプレックスでした。思春期の頃から、急に大きくなりはじめた下半身が本当に嫌で、とにかく痩せればいいんだと、無茶なダイエットをした結果、10代後半から20代後半にかけて、摂食障害のようになっていました。どうしても今の自分が嫌で、受け入れられない、そんな気持ちが根底にあったのだと思います。

　海外に行くようになって、いろんな人種・国籍の人に出会いました。背がすらっと高く細い人もいれば、褐色の肌にメリハリのある身体の人、体型も肌の色も本当に様々でした。驚いたのは、どんな人でも「白すぎる」「胸が大きすぎる」「細すぎる」など、皆どこか自信がなくて、100％満足している人はあまりいないということ。逆に、自分が完全にコンプレックスだと思っていたところを褒められたりして、戸惑うこともありました。誰かと比較して、自分の持っていないものを羨ましく思う「ないものねだり」は世界共通でした。そんなのキリがないし、やーめた！と、どこかで諦めがついたのだと思います。

　じゃあ「美しさ」っていったいなんだろう？　そんな疑問を持ちつつ、アンティークの仕事をするようになりました。始めて1年くらい経った時のこと。お客さまを通じて知り合ったあるおじさまは、こんなこ

とを言っていました。
「一流のものちゃね、飽きがこんが」

　そしてどこかの国でははるか昔に使われていたであろう古い農作業の用具を見せてくれました。ぱっと見は、正直ただの古いガラクタに見えました。でもよく見ると、長い時間を経て、外気や人の手に触れられた深い色と滑らかな形をしていました。

「一見華やかなものはすぐに飽きるし人を疲れさせるけど、一流のモノは飽きがこない。そういうものは構えておらず、年月が経てば経つほどに味が出る。それはモノでもヒトでもいっしょだよ。そんな一流に、できるだけたくさん触れなさい」
　と、商売を始めたばかりの私に教えてくれました。

　それからしばらくして、フィンランドの食器を仕入れた時、その食器をデザインしたカイ・フランク[2]も、こんな言葉を残していたことを知りました。

　——良いデザインとは、人々を疲れさせるものであってはならない。使う人が誰がデザインしたのかなど疑問に思わないほどシンプルで、何年も何十年も続くものであるべきだ——

2　カイ・フランク（Kaj Gabriel Franck,1911 〜 1989）フィンランドのデザイナー。日用品のデザインによってテーブルウェアの近代化を進め、ライフスタイルに影響を与えた。優れた教育者でもある。

手元にある食器は、決して豪華絢爛ではないけど、他の何かを邪魔しないシンプルさのなかに、シュッとした存在感があり、確かな魅力を放っていました。

　そうか。時代や場所によって、美の基準は変化するもの。でも、変わらない美しさもある。それは、それ自身であることをまるごと受け入れている姿なんだな。

　そう心の中で大きく頷きながら、五千年のお尻美を持つ（？）私は、毎日大好きなおにぎりを頬張っています。

Part 3　自由に生きる　165

フリーダンス

　コペンハーゲンに滞在していたある朝、友人のディテからお誘いがありました。
「今日ダンスのクラスがあるんだけど、よかったらいっしょに行かない？」

　ダンスなんてお遊戯会でしかやったことないし、リズム感もなければ運動神経も悪い私。「え、ダンスとかしたことないんだけど……」と言うと、「大丈夫、私もダンス全然できないから！」とディテ。せっかく北欧にいる間は心をオープンにして、何事もチャレンジしてみようかと、思い切って行ってみることにしました。

　到着したのはコペンハーゲンのヴェスタブロ地区にあるアブサロン教会。元々教会だった建物を、ある経営者が買い取り、市民が交流できるコミュニティスペースとして生まれ変わった場所でした。外観は普通の教会ですが、内装はカラフルな壁にポップな絵が飾られ、ソファや卓球台、奥にはカフェバーも併設されています。以前にも何度かディテに誘われて、「コミュニティ・ディナー」と呼ばれるディナータイムに参加しました。受付に行くと「君はここの席に行って」と言われ、知らない人同士が同じテーブルに座ります。給食のようにテーブルごとに食事や飲み物を取りに行き、それを自分たちで取り分ける仕組みなので、そこで会話も生まれます。物価の高いコペンハーゲンで、平日は60デンマーククローネ（約1300円）という安価で美味しいご飯

を食べることができ、新しい友人も作ることができる。老若男女問わず、コペンハーゲナーに人気のスポットでもあります。

　昼間はアートやヨガなどのワークショップが行われていて、今回誘ってくれたダンス教室もそのひとつでした。ディテに一体どんなダンスなのかと聞くと「フリーダンス」というようで、その名の通り「自由なダンス」とのこと。不安はさらに膨らみました。2階のイベントルームに行くと、すでに先生とたくさんの生徒が集まっていました。一体どうなることやら、不安とドキドキが止まらない私に、ディテは優しく言いました。

「ポイントはね、クラブに行った時みたいにかっこよく踊る必要はないということ。ただ楽しんで、思うままに身体を動かすの」

　すぐに音楽が鳴り出し、最初は先生から「流れるようにー」など動きの指示があり、真似して踊っていましたが、しばらくして皆が思い思いに踊り出したのを見て、心の中でヒェー！と叫びました。
　ダンスなんかしたことないから基本的な動きもわからないし、もちろん私だけ日本人だし、周りから変に思われないだろうか？　一体どうすればいいの!?
　頭の中で、たくさんの声が喋り出すと、どんどん恥ずかしい気持ちになりました。すでに音楽は始まっていて、周りはノリノリ。1人だけぽーっと立っているわけにもいかず、仕方ないので、隅の方に移動し、背を後ろに向けました。とりあえず周りをシャットダウンして、少しずつ身体を動かしてみる作戦。目の前に扇風機がまわっていたので、

その風を感じながら、とりあえず腕を動かしてみて、次に足、そしてクルッと回ってみる。そんな、どんくさい動きを繰り返してみました。何回めかにクルッと回った時、チラッと他の人の様子を見てみると、相変わらずノリノリでしたが、それぞれ自分の世界に没頭していて、周りのことなんて全く気にしていないようでした。なんだ、誰も私のことなんて見てないや。そう思うと少し安心して身体を動かすことができました。そのうち、なんだか楽しくなってきて、頭の中の声もなくなってきて、ふわりと風に乗っている気持ちになりました。

　やがて音楽が止まった時は「え、これでおしまい？」と思うほど楽しんでいました。終わって皆が中心に集まると、全員汗びっしょり。お互いの汗びっしょりな様子を見て、みんな笑顔になっていました。

　帰り道、絶対にできないと思っていたようなことをやってみて、自分の殻を少し破ったような気持ちでした。ダンス、できるじゃん。そっか、みんなの前でダンスなんてできない！ そう思っていたのは、こんなふうに見られたらどうしよう、なにが正解なんだろう、と、いらない考えが騒ぐからなんだ。集中すればその声は消え、心からダンスを楽しめる自分がちゃんといる。

「なんかこの先、なんだってできそうが気がする！」
　爽快感で少しハイになった私たちは、ワハハと笑いながら帰りました。

Part 3 自由に生きる 169

私がわたしになった日

　仕入れたアンティーク品の写真撮影を、友人でカメラマンのHirokoさんに撮ってもらいます。Hirokoさんとはちょうどデンマークから帰ってきて、アンティークの仕事を始めた頃に知り合いました。同じ町で生まれ、同じ時期に独立したフリーランス仲間でもあります。

　Hirokoさんは、私の商品を撮影する時にいつも「かわいい！ かわいい！」と言いながら写真を撮ってくれます。そんなふうに褒められながら撮られた商品の写真をみると、グラビアアイドルさながらに、私可愛いでしょ？と自信たっぷりに見えます。

　ある年の冬、いつものようにお茶をしている時、私はデンマークでやったフリーダンスの話をしました。私の頭の中であーだこーだ言う声は、自分なんだと思い込んでいたけど、ダンスに集中した時は、もっと奥に別の私がいるような気がした。だったら私って一体どっちなんだろう？
　そんな着地点のない意味不明な話も、いつもうんうんと丁寧に聞いてくれるHirokoさん。私の話を聞いて「関係あるかわからないけど、そういえば私、忘れられない瞬間があるの」と、こんな話をしてくれました。

　Hirokoさんがまだ低学年のある日、学校から家に帰ってくる田んぼ道で、突然あることに気がついたそうです。それは「自分って"ひろこ"

じゃなくて"わたし"なんだ！」ということ。それまでは自分のことをひろこと呼んでいたそうですが、「わたしって言わなければいけないんだ」と突然悟り、それから自分のことを"わたし"と呼ぶようになったそうです。まるで天地がひっくり返ったみたいで、思わず一瞬身体が止まったとか。

「輪ゴムでひっくり返るおもちゃがあるでしょ？ あんなふうに、世界がベコベコってひっくり返ったの」

　私はその話がとても好きで、今でも時々その話をくりかえしてもらいます。自分をまだ「わたし」として認識していなかった時のことを、そんなに鮮明には覚えていないけど、少しだけわかるような気もしました。そこは、もっと恐れのない世界だったような気がします。
　わたしになって、世界はより鮮やかになりました。美しいものと醜いもの、喜びと悲しみ、はっきりと浮き出たコントラストに、胸が踊ることもあれば、重くのしかかることもあります。でも、"わたし"という起点があるから、誰かとわかり合えたり、思いを伝えることもできるんだろうな。

　コロナ禍でしばらく北欧に行けず、暇を持て余していた私は、プチ哲学者にでもなったかのように「わたし」について考えていた時期がありました。それは、これまでずっと探してきた自由への問いでもありました。仕事、時間、お金、環境など、自由への扉はたくさんあるけど、最後の鍵は、わたし自身にあるに違いない。「フリーダンス」はまさに「自由へのダンス」だったのかもしれません。

(写真:Hiroko Takeda)

Part 3 自由に生きる 173

「ヒュゲしよっか」

「今コロニヘーヴで hygge（ヒュゲ）してるから、よかったらこない？」
　ある夏の日、クリスティーナからメッセージがきました。

　デンマークにいると日常的に「hygge しよっか」「今日はとても hygge だったね」という会話をよく聞きます。デンマーク語を習い始めて最初に教えてもらった言葉、hygge。なのに何度デンマークに行っても、その言葉の意味をいまいち掴めずにいました。
　その日はちょうど連日のイベント続きで疲れていました。クリスティーナから連絡があってすぐに、荷物をまとめて電車に乗り、コロニヘーヴへと向かいました。

　コロニヘーヴとは都市郊外にある庭がついた小さな家の集合地区で、都市部に住む市民が庭を持ち、空気の良い環境で過ごせるようにと、かつて政府によって考案されたものだそうで、休日や夏休みには家庭菜園などしながらゆっくり過ごす場所です。

　庭の木々にはリンゴやイチジクなどの果実が実をつけ始めていて、生い茂った葉からは雨が滴り落ちていました。8月といっても雨の日はすでに肌寒く、家の中では暖炉の薪を焚いていて、中に入ると冷えた身体をふんわりと包み込んでくれました。
　テーブルに座ると、子どもたちは前日焼いたという甘いケーキと温かい紅茶を、クリスティーナはライ麦パンにバターを塗り、その上に

ニシンの酢漬けと玉ねぎの乗ったデンマークのオープンサンド「スモーブロ」を持ってきてくれました。たわいのない話題で笑い、ベッドで横になって昼寝をしたり本を読んだりして、夕飯を食べた後はキャンディーやポップコーンをつまみながら、暖炉の横にあるベッドで映画を観ました。
　次の日、コロニヘーヴから出る時には雨も止んで、私の心も晴々としていました。この時ようやく、他にもたくさんあるしあわせや楽しい気持ちと、hyggeの違いがわかったような気がしました。

　私は飛行機に乗って遠い地へ飛び立つ瞬間が大好きです。これまで出会ったことのないような人、もの、景色に出会って、いつもの日常から少し離れたような経験をした時も、何かが内側でスパークするような、なんとも言えない高揚感が湧き上がってきます。そんな機会をたくさん得て、思い切り楽しむことが、しあわせに違いにないとどこかで信じていました。でも、そうした火が燃え尽きると針がギュッと反対側に振れて、心の中が冷たく空っぽになったような感じがすることに、だんだんと気がついてきました。

　hyggeの時、それほど大きな炎は立たないけど、心の中に暖炉が燃えているように芯から温まって、熾火(おきび)はその後も静かに続きます。
　hyggeが持続可能なしあわせに欠かせないものだとわかってから、時々そんな自分でいられる、ほっとする時間をとるようにしました。どこにいても、ひとりでもつくり出せるしあわせ。そのままの自分でいられる瞬間。それがhyggeなのだと思います。

週末や夏休みは家族でコロニヘーヴで滞在。夕飯はテラスで

サンルームでくつろぐパパと娘。天井にはぶどうの実がたわわに

Part 3 自由に生きる 177

「ラゴムね」

　スウェーデンの公的機関に書類の申請をしたことがありました。申請には、3ヶ月から6ヶ月かかりますと書かれていたため、スウェーデンのことだからと一応7ヶ月のゆとりを持って申請しました。ところが7ヶ月、8ヶ月と経ってもいっこうに返事がないため、9ヶ月目にたまりかねて電話をしました。電話に出た女性は少し申し訳なさそうに「あら、何も動いてないわね、ごめんなさいね」と言いました。1ヶ月後にもう一度かけると「まだ動いてないわ。悪いけど私は本当に何もできないの」とのこと。結局正式に返事がきたのは、丸1年以上経ってからでした。しかも、申請拒否の紙切れ1枚。たくさんの申請がある中、順番だから仕方がないとはいえ、もう少し早める方法はないの？　こちらの予定というものがあるでしょ？　3ヶ月から6ヶ月という目安はなに？　のんびり屋の私もたまりかねて愚痴りました。するとスウェーデンの友人はこう言いました。

「よくあることよ！　いつか王族がビザを申請する時も、1年以上はかかると言われて別の国で申請したの。市民であっても王族であっても、彼らが仕事を早めようとすることはないわ」

　そっか、王族でもそうならば、ある意味公平なのか、と納得できるような、できないような。一方で日本に帰ると、従業員が丁寧にさっと業務をこなしてくれるので、思わず感動してしまいます。
　聞けばスウェーデンやデンマークでは無料で受けられる医療も、早

くかつ丁寧にというわけにはいかないそうです。きっちりした人間とは口が裂けても言えない私でさえ、さすがに勘弁してほしいと思うことがあります。でも、それもゆとりを持って生きるということの裏返しなのか、と理解したのは、スウェーデンの夏至祭「ミッドサマー」に参加した時でした。

　冬が長い北欧に住む人にとって、1年でいちばん日が長い夏至は特別な日。スウェーデンのミッドサマーはキリスト教が伝来する以前から存在する土着の文化だそうで、ドレスに花冠をかぶった人々が、草花で覆われた大きな柱のまわりで踊ったり歌ったりするロマンティックなお祭りです。私も友人宅のこじんまりしたパーティーに参加しました。手作りの花柱が立てられ、その周りで歌ったり踊ったり食べたり飲んだり。しばらくして、私の空いているグラスを見て、隣の男性がお酒を注いでくれました。注ぎながら彼は「lagom（ラゴム）ね」と言いました。はじめて聞いた言葉だったので、どういう意味？と聞くと、「"ちょうど"っていう意味で、スウェーデンではよく言うんだ」と教えてくれました。
　"多すぎず少なすぎない、調和と安らぎが生まれる完璧な量"
　それがスウェーデン人が大事にしているlagomなんだそうです。

　日本でも「腹八分目」とか「何事もほどほどに」とか、割とよく聞く言葉です。ただそういう言葉を聞くと、なんでも自分が好きなようにやりたいだけやってみたい私は、やる前からそんな戒めのようなこと言わないでほしいと、正直ちょっとうんざりするところがありました。でも北欧に行くようになって、その「ちょうど」というものは、

必ずしも我慢を意味しないのかもしれないと思うようになりました。逆に、我慢をせずに自分らしく生きる、それが「ラゴム」でした。

　事務の話であれば、顧客よりも働いている人の「ちょうど」を優先させた結果なのかもしれません。誰かの「ちょうど」を尊重するということは、自分の「ちょうど」も尊重されるということ。そうするうちに「ま、いっか」「これがベストなタイミングなのかも」と、日々にゆとりを与えてくれるようにも思えます。

　お酒も「ちょうど」に入れてもらったミッドサマーのパーティーでは、日が沈む午前零時頃まで、小さな子どもから老人までが、踊って歌って食べて飲んで、とことん楽しむ様子が印象的でした。この日がみんなにとってこんなにうれしいのは、暗く長い冬を耐えてきたから。

　私の「lagom」は一体何をどれくらいなんだろう？ まだわからないけど、それを少しずつ探していく人生も、決して悪くはないなと思いました。

ミッドサマーの日。夜の 23 時頃になりやっと辺りが暗くなり始めます。
キャンドルを灯し、楽器を持ってきてスウェーデン伝統の音楽を奏でるゲストたち

COLUMN

ワーク・ライフ・バランスを支える「労働組合」の力

　デンマークでは夕方3時半くらいになると仕事を切り上げる人が多く、夏休みは3週間ほどとります。週の労働時間はだいたい35〜40時間、有給休暇は年に25日間。土日を含めれば5週間ほどの休暇をほとんどの人がとるそうです。家族で過ごす時間や趣味の時間をたっぷり持つことができる、ワーク・ライフ・バランス（仕事と生活の調和）が整っている背景には「強い労働組合」の存在があります。

　デンマークの労働組合の加入率は66%（2020年）で、日本の加入率は16%くらい（2023年）なので、ずいぶん高い割合です。労働組合は職業、役割ごとに組織されています。例えば教職員、飲食産業、エンジニア、事務職など、1つの会社の中にもたくさんの組合があり、力を合わせて経営陣と交渉し、労使案を取り決めます。職業ごとなので、交渉力や影響力は強く、業界全体の基本的な労働条件の改善につながります。

　労働組合は、他にも組合員の仕事探しや、スキルアップの研修、交流イベント、労働環境の法的支援などもしてくれます。例えば、イジメやパワハラ、過酷な労働環境など問題があった場合、雇用者と協議し、解決策を見出してくれるのも組合の仕事。「組合に入るメリットは大きい」と人々は考えているようです。デンマークの労働組合は120年以上の歴史があり、労働者が搾取されず、快適なワーク・ライフ・バランスを充実させる大きな役割を担ってきたそうです。

2人集まれば組合結成

　デンマークでは「2人集まれば組合をつくる」と言われているほど「協同組合の国」でもあります。19世紀に酪農協同組合が設立され、農家が組合員となって組合を運営し、利益を共有する仕組みができてから、「生活協同組合」「風力発電協同組合」「組合型企業」など、現在もあらゆる分野が組合によって運営されています。最近聞いたのは、コペンハーゲンに住む友人のアパートが「Andelsboliger」と呼ばれる「協同組合型住宅」だということ。家主はおらず、アパートに住む全員が共同で出資し、定期的に話し合いを設け、メンテナンスや維持を行うというもの。この形式だと、急に家賃が上がったり、出て行ってくださいと言われることもありません。協同組合の基盤になっているのは、「人々の暮らしを守る」こと。一部の人だけが決定権や利益を独り占めするのではなく、みんなが責任や決定権を持ち、話し合い、協力し、より良い生活を維持していくための仕組みでもあります。

　スポーツや文化、専門スキルなど、趣味や関心ごとに関わるクラブや団体に所属している人が70%くらいいるそうです。自分がメンバーの大事な一員であるというコミュニティ精神、自分も何かを変えたり決めたりできるという主権者意識、自分のためだけではなく、他の人のためにも行動するという助け合いの精神が、人々の幸福感や満足感の根底にあると言われています。

スモーブロの極意

「デンマークに行ったら何を食べるの？」とよく聞かれます。私はきまって「スモーブロ！」と答えます。スモーブロは、ライ麦パンにバターを塗り、その上に野菜や魚、お肉、ソースなど様々な食材がのったオープンサンドのこと。その種類は100以上と言われていて、今でもどんどん新しい組み合わせで新メニューが生まれているそうです。

　上にのっている色鮮やかな具材はもちろん、鍵となるのはベースとなるライ麦パン。日本ではあまり見かけませんが、酸味のある黒いパンで、外側は香ばしく焼かれ、中はしっとりといろんな穀物が詰まっています。それを薄く切ってトースターで軽く焼き、バターをたっぷり塗るだけでも味わい深く、満足感があります。それにプラスして彩り豊かな具材を盛るのですが、私のお気に入りは、たっぷりのレバーペーストに赤いビーツのピクルス、その上にカリカリに焼いたベーコンを乗せたレバーペーストのスモーブロ。そして、さくっと揚げた白身魚のフライに、レムラードソースという甘酸っぱいタルタルソースをかけ、その上に小エビとキャビア、くるっと巻いたレモンで高く盛った「流れ星」というスモーブロ。それを、ナイフとフォークで少しずつ切り分けながらお行儀よく食べます。

　2024年の7月、コペンハーゲンにあるスモーブロレストラン「Selma」でシェフとして働いているという日本人女性、ナナちゃんに会いました。

Selma（rømersgade 20，コペンハーゲン）

その年の2月に、デンマークの友人から「空いている部屋があるんだけど、誰か借りたい人を知らないか」と連絡がきました。そのすぐ後に、SNSで「コペンハーゲン近郊で住む場所を探しています！」という投稿を見かけたので、なんとなく両者を繋げたのがきっかけでした。29歳の彼女は、奈良出身で、京都の老舗レストランでも料理人として働いていたそうで、海外での経験を積みたいとワーキングホリデーでカナダへ、その後デンマークへと来たそうです。連絡をとった当初、まだ仕事先が決まっておらず、このまま決まらなければ帰国するつもりだと少し不安そうでしたが、私が6月に友人宅を訪ねた時にはシェフとしての仕事先が決まっていて、パートではなくフルタイム。しかも働き出して数ヶ月で、その働きぶりを買われ、ワーホリの期間だけでなくその後も正式に働いてほしいとレストランからオファーがあったと教えてくれました。そのガッツに感心するばかり。ある時夕飯を振る舞ってくれましたが、さすがシェフ。その味にみんな思わず「おいしいっ！」と舌鼓を打ちました。
　そんな彼女がデンマークの国民的フード・スモーブロのレストランで働いているなら、行かないわけにはいけないと、お店に予約を入れました。

　「Selma」は、コペンハーゲンの中心、デンマークで最も多くの人が利用すると言われるノアポート駅から徒歩数分のところにある、ミシュランを獲得したレストラン。シンプルな外観ですが、中に入ると明るい光に包まれ、インテリアの一つひとつがおしゃれであたたかい雰囲気に包まれていました。メニューに書かれた15種類ほどのスモーブロにワクワクしていると、シェフのナナちゃんが特別にテーブルに来て

くれました。「何にしますか？」と聞かれ「ナナちゃんのおすすめで！」とお願いすると、しばらくしてテーブルに運ばれてきたスモーブロに思わずうっとり。

　ナナちゃんが最初に作ってくれたのは、ハーフサイズのスモーブロ4種盛りでした。「スパイシーなニシンのスモーブロ」「塩漬けニシンにアンチョビを合わせたブラウンバターをかけたスモーブロ」「柚子胡椒が隠し味のサーモンのスモーブロ」「新ジャガとハーブのスモーブロ」。見た目が美しいだけでなく、小さな一切れに、食材の旨味や食感がバランスよくギュッと詰め込まれていました。スモーブロはこれまでたくさん食べたことがあるけど、そのどれとも違う、新しい味。一口一口に感嘆の声をあげながら完食しました。

　以前ナナちゃんに「こっちで働いてみて、驚いたことや感心したことはある？」と聞いたことがあります。「いろいろあるけど、いちばんは"遊びがあること"」と答えくれたナナちゃん。働き出して「スモーブロはこういうものだから」「この作業はこうするものだから」といった説明はなく、最初から他のシェフたちと同じように、スモーブロを作ることからはじまったそうです。オーナーシェフが発案するスモーブロは季節の食材を使って、楽しみながら少し遊びを入れながら作っているのを感じると言っていたのを思い出し、なるほどと思いました。

　お腹も心も満たされて満足していると、オーナーシェフのマグヌスさんが挨拶に来てくれました。「スモーブロの極意ってなんですか？」という唐突な質問に、「Innovation!（革新）」と即答してくれたマグヌ

スさん。スウェーデン人の彼は、デンマークでライ麦パンにバターと少しの調味料だけでとても美味しく味わえるスモーブロに魅了され、同時にその新たな可能性も感じたそうです。ナナちゃんが「遊びがある」と表現してくれた働き方や料理へのこだわりについて聞くと、こんなふうに話してくれました。

「北欧では、僕たちはあまり競争しません。もちろんするけど、一般的に『連帯』『コミュニティ』の考え方の方が強いです。競争し合って得られる結果よりも、個人のユニークさ、オープンな考え方、新しくクリエイティブに進んでいく方法を模索していくことの方が大事だと考えています。最高級の旬な食材を使って、最高の料理を作ることに集中するのはもちろん大事。でも同時に、お互いが尊重し合うこともとても大事。その両方を、いつも笑顔で実践することは可能です。そんなポジティブな雰囲気は、従業員同士だけでなく、料理に、そして来てくれたお客さんにも伝染しますから」

ミシュランレストランのオーナーとは思えないほどフラットで気さくな雰囲気のマグヌスさんは、最後にこう言っていました。「競争相手は、他の誰かではなく昨日。それが僕たちを日々押し上げてくれる秘訣です。それを楽しめないとしたら、いったい何の意味がある？」と。

北欧諸国は、世界で最も幸せな国ランキングの上位を占めることで有名ですが、彼の言葉が、しあわせな国で生きる極意のようにも感じました。もしかして、幸せってスモーブロに似てるのかも。土台がしっかりしていて、それだけでも満たされること。でもさらにその上に、

旬な具材をバランス良く、楽しみながら盛り付けていく。他を尊重しながらも、自分独自のレシピを完成させる……か。

　美味しい「革新的スモーブロ」を味わい、デンマークでがんばっている同胞に元気をもらい、おまけにしあわせのヒントまでくれた「Selma」。コペンハーゲンに来たらまた必ず訪れよう！　そう心に誓いました。

ナナちゃん

マグヌスさん

ゆいちゃんと「おにいさん」

　ゆいちゃんと初めて出会ったのは高校生の頃、学校に行っていなかった時でした。私より3つほど歳が下のゆいちゃんは、生まれた時から重度の障がいがあります。支援や制度が十分でない中、母親のまゆさんが、自宅で呼吸や栄養補給の医療ケアをしていました。そんなゆいちゃんの家はいつからか、人が集まり、お茶を飲んだり、ただ話をしたり、相談や悩みを打ち明けたりという場所になりました。
　姉から近くにそんな場所があると聞いて、学校も行かずしばらく家でぼーっとしていた私は行ってみることにしました。そこではゆいちゃんを中心に、たくさんの人が集まっていました。私はただそれを、後ろの方でもじもじと眺めていただけでした。

　それからずっと後になって、大学院で北欧社会や福祉の勉強をすることにしました。初めての授業で学部時代に書いた卒業論文を発表したら、私の論文は本当にひどいもので、穴があったら入りたい気持ちになりました。「これ論文じゃなくて、ルポ（現地報告）じゃない！」とばっさり切られた後、先生は優しく言いました。

「あなただから書けることを書くの。あなただけのテーマを見つけなさい」

　自分のテーマってなんだろう？ デンマークやスウェーデンに行って勉強したい気もしたけど、そのまま行ってもまた薄っぺらなものにな

るような気がしました。テーマを発表しなければいけない直前でふと思いついたのが、ずっと昔出会ったゆいちゃんのこと。あの場所は一体なんだったのか、探ってみよう。富山に帰ってもう一度ゆいちゃんやまゆさんを訪ね、同じように重度の障がいのある人たちの元へ行ってみるようになりました。

　調査なんて言って訪ねていましたが、だんだんその場に行くのが楽しくなってきました。新しい人や、価値観に触れているという実感があって、研究室にもほとんど行かず毎日そんなところを出歩いていると、ある施設で「おにいさん」と呼ばれる40代の男性に会いました。ゆいちゃんと同じく常に医療のケアが必要で、自分で動くことも、話すことも見ることもできないおにいさん。なんとも言えないおおらかな雰囲気で、みんなから慕われていました。私もそんなおにいさんや彼のお母さんのそばにいるとなんだかほっとしました。

　ゆいちゃんのお母さんのまゆさんは、こう言っていました。
「生きることを終わりにしたいと思っていた青年が訪ねてこられたことがあった。ゆいはもちろん何も言わないけど、しばらくすると彼は、『このままの自分を受け入れてくれたのは、ゆいちゃんがはじめてだった。だから、もう一度生きようと思った』って帰っていった」
　そんなふうに、彼女に勇気づけられる人がたくさんいたのだと教えてくれました。当時の私は正直いまいちピンときていませんでした。でもその後、何度も壁にぶちあった時、なんだかわかるような気がしました。当時ゆいちゃんをはじめとするたくさんの人たちに出会って得たものが、心の奥に水脈のように流れていて、時々そこからパワー

をもらっているように感じます。

「いろんな人が存在するから、人生がおもしろくなる」
　そんなふうに言っていたのはサメちゃん。サメちゃんは産婦人科の先生で、病院勤務の傍ら、富山駅の構内にのぼり旗とテントを張って定期的に「駅ナカ保健室」を開いています。着ぐるみを着たりアロハシャツ姿のこともあるサメちゃんに、通勤通学帰りに気軽に身体の悩みや心の悩みを相談できます。
　姉の同級生だったサメちゃんは、私が高校生の時、苦手な数学を教えてくれていました。バスケをしていて気さくに話してくれるので、当時から心を許していました。私が家出をした時、家族がいちばんに連絡したのもサメちゃんだったらしく「あの時はほんと大変だったんだから〜」と、今でも会うたびに「家出少女」といじられます。
　お医者さんになって、空いた時間があれば、県内のいろんなところに行って悩みや相談を聞く「歩く駆け込み寺」のようなサメちゃんに私もいろんなことを聞きます。月経のこと、身体のこと、ジェンダーのこと、なんでもわかりやすく教えてくれます。最近は出生前診断のことについて教えてくれました。今の日本の現状では、出生前診断をして染色体などの異常が見つかると、ほとんど「中絶」という選択肢しかないのだと言っていました。国によっては、こういう障がいを持って生まれてくる子どもにはこんな支援があって、こんな準備が必要だから、と、出生前診断はその子を受け入れる「準備期間」を設けるためのものでもあるそうです。

「どこからどこまでが軽い障がいか重い障がいか、どういう状態なら

生かすか生かさないか、そういうことは測れないしジャッジできないじゃん？ それをするってことは、結局私たち全ての人がそんなふうに、ギスギスと測られるってことになる。どんな命も大事で、生きていけるような社会にすること。障がいのある人もない人も、いろんな人が自然と共存できる、そんな社会の方が絶対楽しいっしょ」

「役に立たないのに生きる価値があるのか」「こんな人たちに自分たちの税金を払う価値があるのか」SNSなどでそんな言葉を見かけます。生きていたらいいことばかりじゃないし、毎日比べられて一杯一杯になって誰かのせいにしたくなることもあるよな、と思います。でもやっぱり価値があるのだと思います。そう言える人がたくさんいる場所は、きっとどんな人にも生きやすいし、サメちゃんの言う通り、人生が絶対おもしろくなると思うから。

人は死んだら森へ還る

「スウェーデンのブルーベリーってね、外側だけじゃなくて中まで青いのよ！ 味が濃くておいしいから見つけたら絶対食べてね！」
　いつか子どもたちがそんなふうに教えてくれました。その後スウェーデンの友人夫婦に湖に泳ぎに連れて行ってもらった時、途中の道にも湖の辺りにブルーベリーの木があって、摘んでみると本当に中が青く、食べると濃い味がしました。夏はそんなふうに、その辺でとってきたベリーやルバーブでデザートを作ったり、咲き乱れるエルダーフラワーの花でジュースを作ったりと自然のお裾分けを楽しみます。

　スウェーデンをはじめとする北欧には Allemansrätten（アッレマンスレッテン＝みんなの権利）という市民権があります。土地の所有者がいても、全ての人が自然にアクセスできるという法律だそうです。市民だけでなく外国人も、自然の中でテントを張って眠ったり、動物に触れ合ったり、ベリーや花、きのこなどをとっても良いことになっています。

　スウェーデンの観光サイトには、Allemansrätten についてこんなふうに書かれていました。

「自然は全ての人のものであり、全て無料です。支払わなければいけないのは、自然やそこに住む動物たちへの敬意のみ」
　人間と自然との間に上下関係などなく、人もあくまで自然の一部で

Part 3 自由に生きる 195

あるという価値観がスウェーデンには古くからあるようです。

　北欧でお気に入りの場所はたくさんあるけれど、まずは、スウェーデンの首都ストックホルムにある「スコーグス・シュルクゴーデン」(森の墓地）をあげます。そこは古くからある共同墓地ですが、そんな人と自然との関係を深く感じることができる場所でもあります。

　墓地といっても墓石は限られていて、広大な敷地のほとんどが緑豊かな森林公園です。ある夏の朝に初めてこの場所を訪れ、森の中を散歩していると、途中でおじいさんが何か作業をしていました。「何をしてるんですか？」と声をかけると、そこにあったポストのようなものを直していると言って、少し話をしました。どちらかというと人見知りな私は、普段自分から知らない人に声をかけるなんてことはしないのですが、そこの気持ち良い空気が思わずそうさせたのだと思います。
　おじいさんは森の墓地の近くに住んでおり、先祖も眠るこの場所には毎日のようにくるのだと言っていて、その後、せっかくだからと森の墓地の中をぐるっと案内してくれました。

　入り口から入るとまず目に入るのは「瞑想の丘」と言われる木に囲まれた小高い丘。そこから「復活の礼拝堂」を結ぶ888mの長い一本道があります。その一本道を歩いていると、最初のうちは両脇に白樺や低い木々が立ち並び明るい雰囲気ですが、奥の礼拝堂に近づくに連れてだんだんと背が高く緑も濃い針葉樹に囲まれていき、深い森に入っていくような気持ちになります。
　とんがり屋根の「森の礼拝堂」は、木々に囲まれた小さな建物。お

じいさんに手伝ってもらいながら小さな窓から中を覗くと、白い壁に祭壇と椅子が並ぶだけの、とてもシンプルなものでした。「森の火葬場」の礼拝堂の正面には、人々が見守る中、小船が光に向かって旅立っていく優しい大きな絵が描かれています。特定の宗教色を感じさせるものはなく、正面から入るとすぐにある「花崗岩の十字架」と呼ばれる大きな十字架も、生・死・生という生命の循環を表すものだとか。

そのおじいさんとはそこでお別れし、それ以降会うことはありませんでしたが、それからというもの森の墓地は、私にとってお気に入りの場所になりました。私はよく、墓石のない場所を探して、地面にゴロンと横になります。木々がお互いに話をするように揺れていて、鳥のさえずりが聞こえ、なんとも気持ちよく眠りに誘われます。

この墓地は「死者は森へ還る」という古くからの死生観を元に作られているのだそうです。人間中心に考えていると、いろんなことが小難しく、重大なものに思えてきます。でも自分も単に自然の一部で、そのなかで生きているのだと感じると、なんだかほっとします。森の墓地は都会にありながら、そんな大らかな気持ちを与えてくれる場所。墓地でありながら、そこを去る時「さぁー、残りの人生、ゆるく生きるか！」という気持ちになる、不思議で優しい場所です。

環境問題への取り組み

セカンドハンド

　素敵な洋服や家具を見て「素敵だね！どこで買ったの？」と聞くと「セカンドハンド！」という答えがよく返ってきます。「値段も安いし、環境のことも考えて、なるべく洋服はセカンドハンドで買うことにしてるの」と、お洒落盛りの20歳ほどの女性も言っていました。街の至る所にセカンドハンドのお店（不用品を寄付するチャリティショップ）があり、リサイクルや環境保護の意識が、人々の暮らしに根付いているのを感じます。

お金が返ってくるリサイクルマシーン

　スーパーの奥や角の方に、自動販売機のような機械があります。それはリサイクルするための機械で、空の缶や瓶、ペットボトルなどを入れると自動的に仕分けをしてくれ、1つにつき20円から60円のお金が返ってきます。
　一般家庭のゴミも細かく分別されます。一つの家やアパートにはいくつもの色分け・表示分けがされた10個ほどの大きなゴミ箱があり、住人は分別をしてそこにゴミを入れます。生ゴミには、土に還る専用の袋があり、燃やさずにバイオガスとしてリサイクルされています。

自転車大国

　デンマークの首都コペンハーゲンは「自転車都市」と呼ばれており、通勤や通学の移動手段の半分以上が自転車です。道路には自転車専用レーンがあり、地下鉄やバス、列車にも自転車の持ち込みが許可されています。子どもがいる人は、大きな荷台のついた「カーゴバイク」で、子どもたちを乗せて送り迎えをします。自転車で30分から40分ほどかけて移動するのは日常茶飯事のようで、「そんなに長い間乗るの!?」「こんなに雨でも風でも!?」と最初は驚きましたが、環境にも財布にも健康にも良い自転車は、現代の生活に欠かせないものになっているようです。

自然エネルギー100%を目指す

　コペンハーゲン空港に降り立つ時、一番最初に目に入ってくる光景が海に並んだたくさんの風車です。デンマークは自然エネルギーに対しての取り組みをいち早く実施した国で、原子力に頼らず、風力発電とバイオマスを中心にエネルギーを自給しています。2022年のデンマーク国内の電力生産量の8割が自然エネルギーで、そのうちの5割以上が風力発電によるものでした。政府は「2030年までにCO2排出量を70%削減し、2050年までにはゼロにする」という目標を掲げ、社会全体のあらゆる分野で「脱炭素社会」を進めています。

荷物もペットも子どもも大人もなんでも運べる万能のカーゴバイク。
コペンハーゲナーの必需品

It's not only about Palestine, It's about us.
「それはパレスチナだけのことじゃない、私たちのこと」

　2024年の5月から7月にかけて、北欧へアンティークの買い付けに行きました。前年の夏に滞在していたスウェーデンのマルメのアパートが気に入ったので、また同じ部屋を貸してもらうことにしました。
　5月11日、深夜に到着した次の日の朝、ミュージシャンである大家のステファンはコンサートに行く支度をしていて「今日はこれをしていくんだ」と首に巻いたスカーフを見せてくれました。白地に黒の格子模様の刺繍が施されたスカーフ。何にも知らずに「素敵だね」と言うと、「これはパレスチナの伝統のスカーフなんだ」と教えてくれました。元教え子や音楽仲間にパレスチナ出身の人がいるという彼はこう言いました。
「最近のニュースを見ると悲しくなるから全部シャットダウンして、音楽や、楽しく美しいものだけにフォーカスしていたくなる。でも1週間あったらせめて1日は、できることを考えて、それでも何もできないことに心苦しい思いをする時間を持とうと思う。"Peace is privilege"（平和は、全ての人が持つわけではない特別な恩恵だから）」

　ステファンが出て行った後、キッチンでコーヒーを飲んでいると、もう一つの部屋を借りているという女性が来て「はじめまして」の挨拶をしました。新しいルームメイトとなる彼女の名前はスヴィトラーナ。出身はウクライナで、2022年、ロシアとの戦争が始まってすぐに避難民としてスウェーデンにやってきて、今は近くのレストランで働いているとのこと。夕方にもう一度彼女とキッチンで会った時、出身がウクライナと聞いて思

わず「家族や友人は無事なの？」と聞きました。すると彼女は「だいじょうぶと言えばだいじょうぶ」と表情を変えずに答え、さっと自分の部屋に戻ってしまいました。しまった……大丈夫なわけないのに、何も知りもせず、社交辞令のように軽く聞いて。私のバカ！

　そんなふうに決して好スタートとは言えなかった彼女との仲も、一つ屋根の下で暮らすうちに少しずつ深まりました。3ヶ月目には、人から「え!?出会ってまだ数ヶ月？　長年の友人かと思ったよ」と言われるほど。同世代だということもあり、仕事や恋愛、人生のことについてたくさん話をしましたが、だんだんと戦争のことについても話してくれるようになりました。お母さんは軍で働いていて、お父さんは65歳以下のため両親共にウクライナから出ることはできないこと。会いに行きたいけど、今行ったら戻れなくなる可能性があるから両親に来るなと言われていること。最近では自分の住む南部の街まで爆撃されるようになり、昨年末、近くにあるおばあちゃんの家が爆弾でボロボロになったこと。たくさんの同年代が軍隊に行き亡くなったこと。一体いつまで難民としてスウェーデンにいられるのか、いつ戦争が終わるのか、未来がどうなるかわからずずっと不安を抱えていること。

　いつからか私たちの習慣になった、寝る前の紅茶とチョコレートを用意してくれた彼女は言いました。

「戦争が始まった頃は、世界中がウクライナに注目していたけど、最近は誰も話さなくなった。まるで戦争が終わったかのようだけど、最近は首都から遠い私の街にまでじわじわと攻撃は及んでいる。両親たちは、どんな

Knotted Gun（ノッテッド・ガン／発射不能の銃）
スウェーデンの芸術家カール・フレデリック・ロイテルスワルトが1980年に制作した非暴力を訴えるシンボル。ニューヨークの国連本部前の他、世界各地に設置されている。写真はスウェーデン・マルメでの展示イベントにて

に暑くても寒くても1日の電力は制限されていて、人々は希望を失って疲弊(ひへい)してきている。どうか忘れないでほしい。今起こっていることに目を向けて、それぞれができることをしてほしい。だってウクライナで起こっていることを容認するということは、他の場所でも同じことが起こることを許すってことでしょ？」

　私は何も返答することができませんでした。

　2024年の3ヶ月の旅で感じたこと。それは「戦争」が、日常の中にぐっと迫ってきたということでした。街中を歩いていても、至る所に貼り紙が貼ってあり、デモに遭遇しました。これまでのように北欧の穏やかな雰囲気の中でゆったりと過ごし、アンティークの食器を探すことだけに満足していていいのか。「戦争」と「平和」、この2つの言葉が頭の中で繰り返されました。

　ずいぶん前、宮古島の来間島に逃避行していた時、出会ったおじいが時々戦争の話をしてくれました。「あんたのおじいさんも戦争に行ったか」と聞かれて、ひとりは行ったけど、ひとりは背が小さくて行けなかったと答えると、おじいは言いました。

　「行かなくてよかったさ。行ってたらあんた、今いなかったかもしれないよ」

　私もそう思う、と言いました。その時は、こんなに戦争を間近に感じてはいなかったけど、戦争はどんなことがあっても絶対にしてはいけないもの。人間がいちばんやってはいけないこと。私はずっと、そう教わってき

ました。

　幼い頃、夏休みになれば毎年のように金曜ロードショーで「火垂るの墓」[1]が放送されて、図書館で借りた本には、自分と同じくらいの歳の子どもたちの悲しい物語が溢れていました。国語の教科書には「ちいちゃんのかげおくり」[2]、社会科の資料集には日本兵の手記があり、自分や仲間が他国の人におこなったゾッとする内容を今でも忘れられません。中学校の図書室に置いてあった唯一の漫画は「はだしのゲン」[3]。みんなで回し読みしていたけど、読み終えるとどっと疲れを感じました。修学旅行で行った広島では真っ黒焦げになったお弁当や、人の影だけが残った石を見て、被爆者のおばあさんの話を聞きました。

　いつもニコニコして、お客さんに「安くして」と言われたら決して断れなかった優しい祖父までも、そんな戦争に参加させられていたなんて。私にとってお化けやモンスターよりずっと身近でこわいもの、それが戦争でした。

　だからいつかの授業で、日本には「平和憲法」というものがあり、今後一切武器をとらず、平和を追求することを国として決めていると知った時ほっとしました。ほっとしただけでなく、子どもながらに納得できました。戦争ってひどいものだから、もう二度としないようにみんなが願ったんだな。願うだけじゃなくて、難しくてもちゃんと形にしたんだから、それはすごい。その誇らしい気持ちは今も変わっておらず、心の中の大事なところにあります。

1　高畑勲監督によるアニメ映画。野坂昭如の同名小説『火垂るの墓』が原作。(1988 年、スタジオジブリ)
2　あまんきみこによる絵本・童話作品。(1982 年) あかね書房
3　中沢啓治作 (コミックス版『はだしのゲン』は 1993 年、汐文社より刊行)

「戦争」は嫌いで「平和」が好き。だったら、もっと平和にフォーカスして生きていきたい。でも本当にそれでいいのだろうか？ それが、今回の旅のテーマだったように思います。
　滞在予定の3ヶ月も残り2週間ほどになった頃、第1章の「私はわたしでいい！」で紹介したベロニカが、私が滞在するスウェーデンの第3の都市、マルメに遊びにきてくれました。出会った頃はまだ4歳ほどで、初めて私に会った時「この人子ども？それとも大人？」と母親のクリスティーナに耳打ちで聞いていた彼女も今では12歳。1人で電車に乗って、コペンハーゲンから一応外国であるマルメに訪ねてくるほど立派なレディになりました。

　アパートで2人でコーヒーを飲んでいると、コペンハーゲンやマルメで頻繁に行われているパレスチナのデモの話になりました。ベロニカがもう3回も父親のフレデリックとデモに参加していると言うので驚きました。

「自分から進んで行こうと思ったの？」
「いや、パパが一緒に行こうと誘ってくれたの」
「こわいとか、他にやりたいことがあるのにめんどくさいとか思わなかった？」
　私だったら絶対まずそう思うだろうと思って聞きました。
「うん、デモの緊迫した雰囲気や大きな音は苦手だし、正直最初は行くのをためらった」
「それでも行ったの？」
「まずパパがいろいろ教えてくれた。それを聞いて自分でも調べてみて、行かなきゃいけないって思った。ガザでは157の病院が爆破されて、12

日で3,000人が殺されたの」

　はっきりとした数字までスラスラ口から出てくることに感心し、彼女の言葉をスマートフォンに記録しました。

「学校の友達には、パレスチナとは遠く離れたここでデモをしたって意味がない、そんなの時間のムダだって言う人もいた。でも私は、めんどうくさくても行くべきだと思った。デモの最初から最後まで参加したわけじゃなくて、一部だけど。罪がない人が殺されるなんて、人間のすることじゃないから、何もしないわけにはいかない。例えパレスチナの人にその姿が届かなくても、自分の意志を見せることが大事だと思う。それはいつか自分にも起こりえることだし、自分たちの未来でもあるから」

　私がわかりやすいように、難しいことについては英語で話してくれる彼女は最後にこう言いました。

　"It's not only about Palestine. It's about innocent people, It's about us. So we should stand for that."（それはパレスチナだけのことじゃない。それは罪のない人々、私たちのことでもある。そのために立ち上がらなくちゃ）

　26も歳の離れた彼女の口から出てきた言葉を聞いて、自分が恥ずかしくなりました。自分のやりたいことだけをやりたいようにやってきた今、無理をしないこと、自分のできる範囲で心地よくいられることをするのが生きる上で大事なのだと信じてきました。戦争にはもちろん反対だけど、

勇ましいデモ隊に参加したり、何かを声高に訴えることにはどうしても気が引ける。「自分の中にも平和を」そうやって大事なことから逃げていた自分に気づかされました。

　これまで、あれがしたい、これが嫌だと自由に選択でき、たくさんの出会いに恵まれ、のびのびと生きてこられたのは、その土台に平和があったから。国の大きな柱が「あなたの命も、どの命も大切だよ」という平和ではなく「何かあった時は、国のために命を捧げましょう」というものであったら、人生も、自由も、命も、今とは全く違う意味を持つものになっていただろうと思います。

　もう一つ、今回の旅が教えてくれた大切なこと。それは私がこれまでそうやって散々恩恵をもらった平和は、棚からぼた餅のように急に降ってきたものではないこと。それは日本の、世界中の、人の痛みに寄り添う優しい意志と努力がたくさん積み重なってできているものだということ。

　だったら私もちゃんと痛みを感じて、行動できる人間になろう。自分だけでなく、他の人たちのために、子どもたちの未来のために。

　自由に生きることに新たな指針が加わると、これまでより少し低空飛行に、でもその分少し強く飛べるような気がしました。

Part 3　自由に生きる　211

あとがき

　私が育った地域はいわゆるニュータウンで、県外からの移住者も多く、活気があり、比較的風通しの良い地域でした。そんな地域でのびのび育ったので、大きくなるにつれ社会の閉鎖的な面を感じると、息が詰まりそうになりました。そこで出会ったのが「北欧」でした。

　コロナが収まって再び北欧に買い付けに行くようになった2022年頃、日本の若い子や子どもたちと会う機会がぐっと増えました。学校に行けないという子や、混沌とした時代にどのように生きればいいか悩んでいる若い世代。「そうだよね、私もそうだったし、今もそう。でも大丈夫」心の中でエールを送っていました。北欧で会った人たちや教えてもらったことをシェアしたら、少しは何かヒントになることがあるのかな思いつつ、先延ばしにしていた2023年の6月、マルメの図書館でやっぱり書こうと思い立ち、この原稿を書き始めました。書き上げていく中で、今までの人生で、何度か心に風が吹き、その風が連れて行ってくれた場所でご縁に巡り合い、かけがえのない経験をたくさんいただいていることに改めて気付かされました。今回もそのひとつだったのだと思います。その風が吹く鍵はやっぱり、自分に正直に生きること。以前出会ったあの子たちが悩んでいたのも、きっと自分に正直に生きようとしていたから。だからそのままで大丈夫。自分に優しく、そしてたくさんの良い出会いがありますように。おこがましくも、エールを送り続けています。

　最後に、私のような破茶滅茶で無名の著者の本を出すという勇気ある決

断をしてくださった桂書房の勝山さん、いつも優しく、粘り強く伴走してくださった鈴木明子さん、若い感性とフレッシュなパワーを加えてくださった田中綾乃さん、本当にありがとうございました。幼い頃から民主主義や平和の種を植え、育ててくれた地域の皆さん、日本内外の行く先々で出会い、大事なことを教えてくださった方々、迷惑や心配をたくさんかけた家族や、支えてくれた全ての方に感謝申し上げます。

　北欧の友人たちへも感謝を伝えたいと思います。
"BLIDT BLÆST MED VINDEN i Skandinavien – just as I am"
En særlig tak til Ditte, Ella, Christina, Rosalina, Ida, Veronika, Kenneth, Mei, Emma, Elia, og alle de vidunderlige mennesker, jeg mødte i Danmark og Sverige. Den brise af inspiration og kærlighed, I har givet mig, har altid blidt omfavnet mig for den, jeg virkelig er. Jeg håber, at brisen også vil lede enhver, der læser bogen, blidt fremad. Mange tak!

　そして、マルメに住む友人スヴィトラーナに、平和の下で家族や友人と、母国ウクライナでの再会が一刻も早く叶うことを祈って──
Praying for friend Svitlana, that the day comes as soon as possible when you will be able to reunite with your family and friends under a peaceful sky in Ukraine.

2024年9月17日　中秋の名月の夜に

＊著者の印税の一部を、2024年1月の能登半島地震や9月の大雨による土砂災害にあわれてもなお、地域の子どもたちや住民のための活動を続けておられる「NPO法人じっくらあと」に寄付させて頂きます。

鍋島綾

1986年、富山県生まれ。
大阪大学外国語学部卒業、同大学院人間科学研究科修了
出版社などの勤務を経て、2016年に再びデンマークへ渡る。
2017年に北欧のアンティークショップ「Imaya」を設立。

HP：imaya-antique.com
Instagram：imaya.antique

ゆるりと風に。ここは北欧　Just as I am

定価1,800円＋税　　　　2024年11月1日　初版発行

著者　　　　　鍋島綾
写真・イラスト　鍋島綾
編集　　　　　鈴木明子
デザイン　　　田中綾乃

発行者　勝山敏一
発行所　桂書房
　　　　〒930-0103　富山県富山市北代3683-11
　　　　TEL 076-434-4600　FAX 076-434-4617

印刷　モリモト印刷株式会社

@2024 Aya Nabeshima　ISBN978-4-86627-158-3

地方小出版流通センター扱い

＊造本には十分注意しておりますが、万一、落丁、乱丁などの不良品がありましたら送料当社負担でお取替え
いたします。
＊本書の一部あるいは全部を、無断で複写複製（コピー）することは、法律で認められた場合を除き、著作者
および出版社の権利の侵害となります。あらかじめ小社あて許諾を求めて下さい。